Facilitação

Um Jeito de Ser

Educação
Corporativa
pela Abordagem
Centrada na Pessoa

Alexandre Moreno

Facilitação

Um Jeito de Ser

Educação Corporativa pela Abordagem Centrada na Pessoa

QUALITYMARK

Direção Editorial	Produção Editorial
SAIDUL RAHMAN MAHOMED editor@qualitymark.com.br	**EQUIPE QUALITYMARK**

Capa	Editoração Eletrônica
SUELLEN BALTHAZAR	**PS DESIGNER**

CIP-Brasil. Catalogação-na-fonte
Sindicato Nacional dos Editores de Livros, RJ

M842f

Moreno, Alexandre
Facilitação, um jeito de ser : educação corporativa pela abordagem centrada na pessoa / Alexandre Moreno. – 1. ed. – Rio de Janeiro : Qualitymark Editora, 2018.
208 p. : il. ; 21 cm.

Inclui bibliografia
ISBN 978-85-414-0338-2

1. Pessoal – Treinamento. 2. Aprendizagem organizacional. 3. Mudança organizacional. I. Título.

18-48753 CDD: 658.3124
CDU: 658:310.845

2018
IMPRESSO NO BRASIL

Qualitymark Editora Ltda.	www.qualitymark.com.br
Rua José Augusto Rodrigues, 64 – sl. 101	E-mail: quality@qualitymark.com.br
Polo Cine e Vídeo – Jacarepaguá	Tels.: (21) 3597-9055 / 3597-9056
CEP: 22275-047 – Rio de Janeiro – RJ	Vendas: (21) 3296-7649

Dedico este livro
a minha esposa Taís
e aos meus filhos,
Felipe e Manuela

Prefácio

~*~*~

por Wellington Nogueira,
fundador dos Doutores
da Alegria e do Play2Flow

fa·ci·li·ta·ção
1. Ato ou efeito de facilitar, de tornar mais fácil.
2. Ato ou efeito de auxiliar, coadjuvar; ajuda, auxílio.
Dicionário Michaelis

Você que está agora lendo este prefácio não se deixe enganar pelo nome do livro, porque ele brinca com sua percepção: Facilitação, Um Jeito de Ser…

Não seria um jeito de fazer? Ou… um jeito de aplicar, como na bula de um remédio?

Não, porque estamos falando da tecnologia que vai se desenvolver cada vez mais nos próximos anos: TH, ou Tecnologia Humana, expressa através de nossa capacidade de acolher, olhar, escutar, ouvir, incluir, integrar, perguntar, interagir, dialogar, ou seja, estar PRESENTE…

Tudo isso faz do Facilitar uma Arte essencial, porque coloca as pessoas no papel de cocriadoras de saberes, conhecimentos e soluções, ressignificando o papel do Facilitador de maneira fluida e divertida, como num jogo instigante no qual todos saem ganhando. Ganhando o quê, mesmo? Habilidades que nos acompanharão por toda a vida, como, por exemplo, a confiança para investigar possibilidades onde elas parecem não existir; a curiosidade para fazer perguntas e compartilhar ideias que levam a inovações; a serenidade para se expressar sem medo de julgamentos e aprender com os erros; mas, principalmente, desenvolver o dom de dar vida a espaços férteis de criação e criatividade aos quais os participantes têm orgulho de pertencer.

Facilitar é uma Arte que se revela na simplicidade e na Presença; que vai muito além do local de trabalho, porque, quando menos esperamos, ela viaja para as relações junto à família e sociedade.

Por isso, respire fundo e relaxe! Este livro não é sobre decorar regrinhas, é sobre acessar sua inteligência para tocar vidas — a sua, inclusive — de maneira produtiva, surpreendente, profunda e... É melhor parar por aqui — até porque a Arte de Facilitar também ocorre no que deixamos de falar... Para o grupo desvendar!

Aqui começa sua jornada!

Saboreie

Reflita

Inspire-se

Transforme-se

E, mais importante: divirta-se fazendo tudo isso!

Introdução

~*~*~

"Jurei mentiras
E sigo sozinho
Assumo os pecados
Uh! Uh! Uh! Uh!

Os ventos do norte
Não movem moinhos
E o que me resta
É só um gemido

Minha vida, meus mortos
Meus caminhos tortos
Meu Sangue Latino
Uh! Uh! Uh! Uh!
Minh'alma cativa

Rompi tratados
Traí os ritos
Quebrei a lança
Lancei no espaço
Um grito, um desabafo

E o que me importa
É não estar vencido
Minha vida, meus mortos
Meus caminhos tortos
Meu Sangue Latino
Minh'alma cativa"

"Sangue Latino"

Esta canção, escrita por João Ricardo e Paulinho Mendonça, foi lançada no primeiro álbum de 1973 do Secos & Molhados. Mesmo ano do meu nascimento.

A letra desta música é uma inspiração para o tipo de narrativa que adotei para construir este livro. Repleto de amor, desabafos e disposição para repensar a educação no mundo corporativo, nas escolas e universidades.

Este livro surgiu da minha vivência em programas de educação corporativa nos últimos 15 anos, bem como lecionando em algumas universidades em cursos de MBA e pós-graduação. Ao longo dessa trajetória, mudei radicalmente a forma de aprender, ensinar e compreender a educação.

Contarei aqui um pouco sobre esse processo e sobre a perspectiva de educadores, facilitadores, psicólogos e profissionais de Recursos Humanos que, de certa forma, iniciaram um caminho sem volta, trocando o controle pela liberdade.

Ouso dizer que este é o primeiro livro no Brasil sobre Educação Corporativa pela Abordagem Centrada na Pessoa. Falarei nas próximas páginas sobre esse jeito. Um jeito de ser.

> *"Os dois dias mais importantes da sua vida são: o dia em que você nasceu e o dia em que você descobre o porquê."*
>
> Mark Twain

Este livro é, neste instante da minha vida, reflexo do meu propósito. Ele representa uma porta para compreender os meus porquês. Não tenho dúvidas que ele se atualizará ao longo do tempo. É uma obra em movimento, viva. Sem pretensões de ser o fim, apenas o começo.

Boa leitura.
Alexandre Moreno

Sumário

~*~*~

"Inspirações Conspiradoras"

Uma Reflexão Sobre Celas, Aquários e Cadeiras

~*~*~

A Cela

Em maio de 2017, estive com meu grande e inspirador amigo Renato Inácio na África do Sul, mais precisamente em *Cape Town* (Cidade do Cabo), um lugar exuberante, pujante e único no planeta. Dentre tantas coisas que tornam a cidade única, está o fato de ela ter sido cenário do *Apartheid*. Tive a oportunidade de visitar *Robben Island*, onde o líder Nelson Mandela ficou preso por 18 anos. Com um metro e noventa de altura, um dos maiores responsáveis pelo fim da segregação racial na África do Sul, Mandela ficou durante esse tempo sozinho numa cela de um pouco mais de 1,60 m^2.

Estar na ilha que aprisionou *uTata* ("O" pai), como os sul-africanos se referem a Mandela, foi singular na minha vida. Enquanto olhava aquele presídio e o seu entorno, refletia e me questionava sobre o **controle** e a **liberdade**. Da prisão, Mandela manteve seu pensamento liberto para criar e mudar o mundo em que vivia. Nunca ninguém controlou sua mente, sua vontade, seus desejos.

Na verdadeira concepção de Carl Ransom Rogers, que criou a Abordagem Centrada na Pessoa — ACP (tema do qual vamos tratar adiante), mesmo aprisionado, Mandela se atualizou o tempo todo.

Foi preso como terrorista comunista e, depois de solto, acabou sendo aclamado, internacionalmente, por seu ativismo e recebeu mais de 250 prêmios e condecorações, incluindo o Nobel da Paz, em 1993.

Aquários

Minha experiência transformadora em *Robben Island* se somou à minha trajetória no universo de treinamentos corporativos, fazendo com que eu refletisse sobre como os profissionais ainda são, muitas vezes, aprisionados nas empresas. Vou usar a parábola do aquário para contar a história de uma pessoa próxima a mim. Essa profissional trabalhou durante 21 anos na mesma empresa, que lhe ofereceu status, bons salários, bônus consideráveis, carro, acesso à tecnologia de ponta na sua área de atuação e muitos outros benefícios que as grandes corporações dão aos colaboradores que dedicam horas da sua vida naquele imenso aquário. Até que um dia, um peixe grande resolveu jogar o peixinho velho de aquário no oceano. O peixinho, assustado, nada entendeu. Afinal, vivera naquele lugar por muito tempo, mais de duas décadas, dando ao aquário o que acreditava ser a sua melhor parte. O peixinho estava agora no mar. Solto, perdido, solitário, abandonado, lutando e de luto.

Tive alguns aquários (de verdade) na vida e, cuidando dos peixes que embelezavam minha sala ou meu quarto, aprendi a lição número um: quando um peixinho novo chega, é preciso ajudá-lo a se adaptar ao novo ambiente para aumentar sua chance de sobrevivência. É como soltar o bicho de cativeiro na floresta. Antes disso, há uma longa fase de adaptação, até que o animal tenha aprendido a caçar, beber e proteger-se, naturalmente, sem ajuda externa. As corporações do tipo aquário ou cativeiro não entenderam isso e jogam seus peixes no mar sem nenhum ritual. Apenas dizem obrigado, pagam suas obrigações e, então, adeus e boa sorte. Controle e liberdade aprendidos da maneira mais dolorosa.

Cadeiras

Lembro da minha cela de aula... ops... sala de aula. Cadeiras desconfortáveis, grades curriculares, grades nos portões, sábios professores com respostas para absolutamente tudo. Vivi nesse aquário por alguns bons anos da minha vida, como muitos de vocês. Desde a escola primária até o mestrado. A cela, o aquário, o peixe grande, os peixinhos, todos estavam ali, presentes, vivos. Sempre existiram os donos do poder e da verdade e, do outro lado, eu, nós, peixinhos, aprisionados à cadeira. Cheios de vontades, ideias e ideais. Calados. Passivos ao sistema.

Nunca, em nenhum estágio da minha vida, um professor me perguntou o que e como eu gostaria de aprender. Nunca um professor me propôs ajudar a pensar em maneiras diferentes de aprender. Tampouco, creio, parou para pensar sobre o que significa aprender. Não me recordo de tudo o que ouvi, mas posso me lembrar dos lábios dos professores mexendo, mexendo, mexendo. Conteúdo, disciplina, provas, notas e mais conteúdo. Pouco me lembro do afeto, mas me recordo das dores. Pouco me lembro do sentido daquilo que aprendi, mas me diziam "isto é importante". Aprisionado na minha cadeira, eu voava, sonhava, imaginava quantas possibilidades diferentes tudo aquilo poderia ter. Mas logo voltava à realidade. Afinal, eu tinha de decorar matérias inúteis para provar que sabia o que, na verdade, nunca soube, nunca entendi, nunca me fez sentido.

Hoje, tenho certeza de que o refúgio da insegurança daqueles professores era o controle. Eles se abrigavam no "poder do conteúdo". Naquelas aulas, prevalecia o "eu sei e vocês não sabem". A cena típica de opressores e oprimidos, estes sempre na posição passiva, de aceitação, sem contestação, pois ousar acarretava punição.

A Vida Dentro do Meu Aquário

> *"Não quero lhe falar, meu grande amor*
> *Das coisas que aprendi nos discos*
> *Quero lhe contar como eu vivi*
> *E tudo o que aconteceu comigo"*
>
> Belchior

Minha primeira escola, na zona leste da capital paulista, região em que fui criado, foi uma daquelas particulares, pequenas, de bairro, e chamava-se "Leofavi" — imagino que esse nome seja a somatória de nomes de alguém. Minha primeira professora foi a Josefina. Ela tinha cabelo vermelho fogo. Era doce e acolhedora. Quando entrei para a faculdade anos depois, ganhei dela uma caixa de bombom. Estudei meus primeiros dois anos de ensino fundamental na Escola Municipal de 1º e 2º grau Mascarenhas de Moraes, e peguei piolho nos dois anos que estive lá. Lembro-me até hoje do sabor queimado do leite servido no recreio.

Quando a vida financeira melhorou em casa, meus pais transferiram a mim e a minha irmã para um colégio particular chamado Civitatis, onde estudei até o final do ensino fundamental. Hasteávamos a bandeira toda semana e cantávamos o Hino Nacional — mesmo no final do regime militar, a escola mantinha esses ritos. Fazíamos reverência a Duque de Caxias, por sua bravura na guerra do Paraguai. Hoje, sinto calafrios ao me lembrar desse episódio.

> *"Nós somos medo e desejo*
> *Somos feitos de silêncio e som (...)*
>
> Lulu Santos

Gostava de alguns professores, principalmente da professora de Biologia. Talvez por isso tenha escolhido estudar Agronomia. Professora Kiyo era o nome dessa "conspiradora". Sofria *bullying* por ser magro, alto e, segundo colegas que me julgavam, esquisito e afeminado. Tempos difíceis de uma adolescência solitária. Meus pais, sempre queridos e companheiros, acolhiam-me. Já os professores, eram omissos às agressões verbais e, por vezes, físicas, contra mim. Aquele aquário tinha águas geladas e turvas e eu só queria saber de pular fora o quanto antes. Já na época, a música do Pink Floyd, *The Wall*, cabia como uma luva para ilustrar o doce sistema escolar:

> *"We don't need no education (Não precisamos de qualquer educação)*
> *We don't need no thought control (Não precisamos de controle mental)*
> *No dark sarcasm in the classroom (Chega de humor negro na sala de aula)*
> *Teachers leave them kids alone (Professores, deixem as crianças em paz)*
> *Hey! Teachers! Leave them kids alone!" (Ei! Professores! Deixem essas crianças em paz!)*

No colegial, fui para o Objetivo, não por opção, mas porque a escola anterior fechara o ensino médio. Lá, tive um ensino baseado em apostilas. Tudo era apostilado. O foco era o vestibular. Eu nunca entendi o que era isso, nunca perguntei, nunca ninguém falou. Diziam apenas: "estude, decore!".

Havia um professor fora da curva no Objetivo, o Nunes, que lecionava História. Eu viajava pelo mundo com suas conversas sobre Revolução Francesa, conquistas, navegações e descobertas. Incrível. Ele dava aula como professor com apostila, seguindo o plano de aula e despejando conteúdo. Mas, era uma aula com amor. Transbordava disposição. Parecia que toda aula era a sua primeira vez em classe. Feliz e apaixonante. Era um professor com jeito ACP — Abordagem Centrada na Pessoa.

Segui todo o processo formal de educação. Nada desafiador. O foco era passar de ano. Eu passei por todos eles, mas sempre no limite. Amava a média cinco. Hoje, me pergunto por que o sistema educacional ainda não entendeu que é possível aprender por outros caminhos que vão além do cognitivo. Isso aumentaria — e muito — o sucesso da aprendizagem e a inclusão de todos os alunos em sala de aula. Muitas vezes, eu ficava imaginando que, ao término dos anos de estudo, eu teria uma cabeça imensa e um corpo franzino que serviria apenas como meio de transporte para a parte de cima. Descobri, anos mais tarde, que o educador inglês Ken Robinson tinha essa mesma definição.

Antes de entrar para a faculdade, fiz o famigerado cursinho, no Etapa. Foi quase viver em clausura, como aquelas freiras que passam anos sem falar. Minha novena diária era estudar. Era, mais uma vez, um aquário com água parada e fria que oferecia o conforto das apostilas para ensinar regras de três e fórmulas químicas. Vida estranha, esquisita e sem sentido.

> *"Quando eu ganhava esse mundo de meu Deus*
> *Fazendo eu mesmo o meu caminho*
> *Por entre as fileiras do milho verde*
> *Que ondeia, com saudade do verde marinho*
> *Eu era alegre como um rio*
> *Um bicho, um bando de pardais*
> *Como um galo, quando havia*
> *Quando havia galos, noites e quintais"*
>
> Belchior

Finalmente, o grande dia chegou, o vestibular. Prestei Agronomia. Apenas duas universidades públicas, Esalq USP e Unesp Botucatu.

E foi para a Faculdade de Ciências Agronômicas da Unesp que a vida me jogou. Sabe por que resolvi estudar Agronomia? Para sair de casa, queria sair do aquário e me joguei no mar, por conta própria, sem boia. Loucura total. Foi bem difícil no início. Vivi em república de estudantes (uma grande escola para a vida), fiz teatro, coral, participei do diretório acadêmico, fui a muitas festas, tive amores, dores e até estudei. Adorei a vida na faculdade, mas não muito as aulas. Coisas sem sentido, teóricas e distantes da realidade. Havia exceções, muita gente querida disposta a trocar e inspirar. Mas, mesmo assim, eram aulas, modelo professor-aluno. Novamente, lábios *versus* ouvidos.

Antes de sair da faculdade, fiz um estágio em *Kibbutz* (uma pequena comunidade economicamente autônoma com base em trabalho agrícola), em Israel. Foram quase sete meses, num país cheio de tradições, costumes e diversidade. Trabalhei como voluntário — leia-se boia-fria. Foi uma experiência única e transformadora. Aprendi na pele valores para a vida. Após essa transformadora vivência, fiquei ainda mais seis longos e intermináveis meses na Universidade, até a formatura.

Nunca a faculdade nos estimulou a pensar ou perguntar coisas do tipo: o que é trabalhar? O que é uma empresa? A faculdade era paternal. Quando saí desse aquário, caí no oceano do trabalho. A vida do lado de fora era dura. Descobri vivendo, doendo.

Meu primeiro emprego foi com irrigação. Matemática pura. Odiava com todas as forças. Depois, trabalhei em algumas empresas de fertilizantes. Uma das atribuições do meu trabalho nessas empresas era promover tecnicamente o produto, Salitre do Chile, cujo preço era baseado no dólar. Era muito caro. Eu visitava as roças durante o dia e, no início da noite, palestrava para produtores. Era um ritual diário. O tema era técnico e, como eu também achava chato falar e alavancar vendas de um produto caríssimo, resolvi inovar. Fertilizante é um sal, ou seja, produz corrente elétrica. O Salitre não é diferente. Assim, colocava água em um balde, diluía o adubo, colocava um fio nessa solução e outro na tomada. Eles se uniam numa lâmpada e, quando eu fazia essa mágica, a luz acendia. Paralelamente, comparava com a ureia, um adubo que tem como base o petróleo. Por se tratar de uma molécula orgânica, sem carga, durante a experiência, a luz não acendia. Foi um jeito didático que arrumei para explicar química. O resultado era interessante. Ao menos, alguns entendiam melhor o que acontecia com o fertilizante no solo.

Depois, comecei a falar sobre marketing nas palestras. Isso porque estava animado com a pós-graduação que acontecia paralelamente à vida no trabalho. Foram 18 meses estudando Administração de Marketing na FAAP (Fundação Armando Álvares Penteado), em São Paulo. No final da minha vida como agrônomo, eu falava de tudo, menos sobre os produtos. Assim, era melhor abandonar o barco agronômico e navegar em outras águas. Considero esses momentos da minha vida o início daquilo que hoje transformou-se em facilitação.

Logo após terminar a pós-graduação, algemado na cadeira — por escolha própria — resolvi com um amigo, Vitor Hugo, montar a Syntese Marketing e Consultoria Agrícola. Era abril de 2003 e eu estava, então, jogando-me de vez no oceano dos empreendedores brasileiros. Saí do aquário corporativo e comecei uma vida nova. A razão social da empresa não poderia ser mais óbvia. Afinal, o negócio unia duas das minhas habilidades: agricultura e marketing.

Nesse mesmo período, fui convidado para dar minhas primeiras aulas na FAAP. O convite veio do professor Edilberto Camalionte, mentor importante no início da minha carreira acadêmica. Tudo começou com uma palestra, que se tornou um ciclo de palestras sobre minha vida "agro marqueteira", algo novo, naquela ocasião. Pouco tempo depois, eu já era professor da pós-graduação, na disciplina de Empreendedorismo.

Num primeiro instante, repeti os modelos que conhecia, escondia-me no conteúdo e no *PowerPoint*. Eram dezenas, centenas de slides, cheios de teorias e papagaiadas sobre empreendedorismo.

Eu era muito inseguro, tinha um calhamaço de autores para citar e justificar qualquer questionamento que pudesse surgir. Não ouvia ninguém. Porém, um dia, quase que ao acaso, "caí" na palestra de uma senhora chamada Anita. Foi incrível. Ela contou a história de um homem com quem viveu alguns anos, trabalhando e, depois, casada. Era ninguém menos que Paulo Freire. E ela, Anita Freire, viúva do maior educador brasileiro.

Aquilo foi uma bomba na minha vida. Comprei e devorei os livros dele. Para provar meu nível de loucura, comecei a usar a biografia de Paulo Freire nas aulas de empreendedorismo. Seguia focado naquilo que eu considerava bom e continuava não ouvindo os alunos.

A Syntese começava a caminhar. Meu compadre Vitor Hugo saiu da sociedade e optei, então, por focar treinamentos. Isso foi em 2007. Toda essa virada também aconteceu nos clientes que eu já atendia. Eram, na sua maioria, produtores ou empresas da área agrícola, gente simples e querida. Fiz vários projetos com analfabetos e, nessa hora, Paulo Freire fez ainda mais sentido para mim. Colhia o vocabulário e o conhecimento local e, juntos, aprendíamos. Tive experiências reveladoras. Muitas vezes, no mesmo dia, eu falava com analfabetos cheios de vontade de ensinar e aprender e, à noite, lá estava eu, na FAAP, falando com adultos na pós-graduação. Não havia como não criar músculos flexíveis e adaptados a realidades tão diferentes. Só percebi isso com o tempo.

Numa noite, numa aula na FAAP, sabendo que o meu coordenador, Richard Vinic, apoiava minhas ideias, resolvi fazer aquilo que parecia óbvio: ouvir os alunos. Perguntei a eles: "se vocês estivessem dando aula no meu lugar, como seria essa aula? O que gostariam de ver?". Um silêncio perturbador se instalou na sala. No início, quando isso acontecia, eu quase enfartava. Depois, com o tempo, fui entendendo que era natural e bastava eu esperar e confiar no grupo.

Pois bem. A partir desse dia, quase não corrigia mais provas. Isso passou a ser responsabilidade dos alunos. Na verdade, dos que escolheram ter essa experiência. Dos outros, eu corrigia. Uma aula de empreendedorismo na qual os alunos não poderiam se dar notas seria, no mínimo, estranho — para não dizer um contrassenso. Além disso, desde quando uma prova prova alguma coisa? Passamos a vida sendo balizados e amedrontados por provas inúteis. O vestibular talvez seja a maior referência, um filtro torturante para a criatividade de escolas e alunos. Assim, agarrei a oportunidade e joguei na fogueira provas, notas e, de carona, a lista de presença.

Outra grande mudança foi o fato de os alunos começarem a trazer empreendedores das suas redes de relacionamento para dar aula, dividir suas experiências. Virava um grande debate. Foram momentos de muito aprendizado, conheci pessoas com histórias cheias de superação e propósito. Acredito que para eles tenha sido bom. Era uma aula no escuro, não sabia quem era a pessoa, o que falaria e como os participantes reagiriam (incluindo eu). Foram quase dez anos na FAAP. Alguns alunos reclamavam na ouvidoria que eu não dava aula, era folgado e nem prova corrigia. Outros realizaram o sonho de tirar dez, trocaram de emprego — inspirados pelos empreendedores — e passaram a interagir com colegas depois de quase 18 meses de aula.

No final de 2008, comecei a fazer mestrado na Universidade Metodista, em Administração com ênfase em Gestão de Pessoas. Coloquei as algemas novamente, acorrentei-me à cadeira e, durante dois anos e meio, torturei-me naquele aquário. Minha tese foi sobre comportamento empreendedor. Fiquei satisfeito com o resultado da dissertação, apesar de não ter tido a chance de expor minhas ideias, já que o sistema exige que o conteúdo exponha autores consagrados dialogando e sustentando a tese. Controle x liberdade novamente em ação.

Até hoje, não sei como terminei o mestrado. Aulas modorrentas, discussões teóricas e debates inócuos, no meu ponto de vista. O que ficou foram as amizades com alguns colegas de classe e a boa vontade de alguns professores, como o meu paciente orientador, professor Dr. Luis Roberto Alves.

Fui atrás do mestrado porque a Syntese também mudava o rumo e começava a dar sinais de vitalidade. A empresa começou a atuar em clientes fora do circuito agrícola e, pela primeira vez, a figura do RH surgia à minha frente. No mundo corporativo, os treinamentos seguiam o mesmo modelo das aulas que tive ao longo da minha vida acadêmica. Está certo que não eram tão burocráticas, mas ainda estavam centradas naquilo que eu, o treinador ou o professor, entregava como conhecimento.

Águas Turvas de *Burnout*

> *"Eu hoje tive um pesadelo e levantei atento, a tempo."*
>
> Cazuza & Frejat

"Tudo corria aparentemente bem. A Syntese crescia, mais clientes e parceiros chegavam. Mas algo me incomodava. Sabia que o jeito como estávamos conduzindo os treinamentos não era o que eu queria. Por outro lado, não tinha a resposta sobre como deveria ser, então. Até que uma crise se abateu e tenho para mim que ela foi necessária para me trazer a resposta que eu buscava.

Um dia, durante um treinamento, corri o risco de colocar toda a história da Syntese a perder. Após passar um trecho de um filme para uma sala lotada, percebi que algumas pessoas estavam focadas em seus celulares e pouco interessadas no conteúdo exposto. Fiquei "bravinho", irritado e resolvi fazer um caminho anti-ACP. Fiz um discurso inflamado sobre o significado da palavra idiota. Mal sabia eu que, no fundo, estava falando sobre mim mesmo. Só me dei conta disso e de outros tantos escorregões a partir de *feedback* de pessoas próximas e parceiras.

Fisiologicamente, também estava deteriorado, definhando. Um dia, fui cutucar uma unha e ela caiu, sangrou, doeu. Começaram a cair todas as unhas, uma a uma. Tomei remédio para pressão, colesterol alto, problemas de circulação, pedras nos rins, cansaço extremo, mau humor, rinite constante, estresse e depressão. Eu achava que estava tudo normal, afinal, estava "ficando velho" ou trabalhando muito.

Até que uma grande amiga e consultora, Patrícia Rocha, me disse: "você não é mais o mesmo, perdeu energia, parece triste". Ela contou que se tratava com o Dr. Jou Eel Jia e que ele poderia fazer um diagnóstico e me ajudar. Ele me diagnosticou com *burnout*, a síndrome da fadiga crônica. Essa doença é recorrente naqueles que trabalham intensamente com pessoas, trocando desequilibradamente energia, muitas vezes dando mais do que recebendo e, por outras tantas, sendo vampirizado.

A cura orgânica e física foi rápida. Mas a questão era outra. Estava na hora de rever o meu modelo mental que estava falido. Fiz um profundo processo chamado *Coaching* Holístico. Revi valores e crenças. Olhei para o passado, para as dores, os medos e a escuridão. Foi muito doloroso. Travei inteiro. Cheguei a dar treinamento sentado. É incrível a nossa capacidade de construir prisões, lugares terríveis, porém, confortáveis. Muitas vezes, a prisão que criamos vira a razão da nossa existência, o lugar pelo qual nos apaixonamos. Para sustentar esse mundo, usamos as barras de ferro das grades, como as crenças que nos sufocam dentro de celas apertadas.

Todo esse processo permitiu que eu conhecesse minha cela mental. E para sair dela, precisei encarar de frente a prisão que havia construído para mim. Talvez por isso a visita à *Robben Island* tenha me causado tanta emoção. Estar diante da cela que fez de Mandela um líder mundial foi tão transformador quanto ter encarado a minha própria cela.

Quando consegui, enfim, libertar-me, eu me sentia uma fênix. Pouco mais de um ano do início dessa jornada, dia 2 de julho de 2015, inauguramos o Núcleo de Aprendizagem Syntese. Foi um salto quântico.

O processo de cura foi tão transformador que, atualmente, faço uma pós-graduação em *Coaching* Holístico, no mesmo local que fiz o tratamento. Tem sido um novo encontro, agora na versão chinesa, com as famigeradas cadeiras.

> *"Eu sou a vela que acende*
> *Eu sou a luz que se apaga*
> *Eu sou a beira do abismo*
> *Eu sou o tudo e o nada"*
>
> Raul Seixas

Peixes Conspiradores

Já nos primeiros dias dentro do Núcleo de Aprendizagem Syntese, eu e o Beto (Roberto Lago Leal, meu primo e amigo, figura essencial para a Syntese, desde 2011) conversamos sobre o futuro e nossas incoerências. Percebemos que vendíamos muito daquilo que não fazíamos como empresa. Nossos então consultores — era assim que os chamávamos no passado — vieram do mercado e atuavam à sua forma, sem nenhuma identidade com a Syntese e tão pouco com o nosso jeito, que veio a ser descoberto logo depois.

Tivemos alguns momentos importantes para a virada da chave. Primeiro, com a consultora Cíntia Martins, discutindo conosco o conceito de facilitação. Depois, com a chegada de uma coordenadora de educação que ajudou a organizar as ideias de facilitação que habitavam a Syntese.

Tudo isso ganhou ainda mais contornos quando conheci profundamente Carl Ransom Rogers e sua obra. Entendi o que era a Abordagem Centrada na Pessoa — ACP (temos um capítulo dedicado a ela). Rogers ganhou força na Syntese quando o psicólogo e presidente da Associação Paulista da ACP, Marcos Alberto da Silva Pinto, foi à empresa para uma roda de conversa. Não tenho dúvidas de que essas duas pessoas, pai e discípulo da ACP, foram essenciais para que adotássemos um novo posicionamento que transformaria a Syntese e a mim para sempre.

O "golpe de misericórdia" nesse processo de transição foi a palestra do professor José Pacheco, no Núcleo de Aprendizagem Syntese. O nosso Conspirador maior, aquele que se apresentou como "Inspiro com", mostrou a importância do silêncio e colapsou a realidade e o nosso jeito de pensar, definitivamente.

Foi desse jeito que a ACP, a facilitação e a estrutura dos treinamentos aterrissaram na minha vida e na Syntese. E é sobre esse **jeito de ser** que falaremos nas próximas páginas. Esse jeito sempre habitou a minha vida e ganhou forma, contornos, rostos e vozes, à medida que cada conspirador entrou nessa jornada. São muitos os "conspiradores" e vou listá-los, mesmo sabendo que corro o risco de ser injusto ao me esquecer de alguém: Paulo Freire; José Pacheco; Carl Rogers; Rubem Alves; Nelson Mandela; Cíntia Martins; Patrícia Rocha; Helena Miyahara; Marina de Mazi; Roberto Leal; Alexandre Martins; Renato Inácio ou Jesus, o grande Dom Quixote visionário; Eduardo Shimahara; Marcos Alberto da Silva Pinto; Sandra Chemin; Regina Leite; Wellington Nogueira; Dr. Jou Eel Jia; Sandra Lázaro; Enéas José Rodrigues, meu bisavô, grande contador de histórias e que hoje dá nome ao Núcleo de Aprendizagem Syntese; meus pais Luiz e Marlene, fundamentais nessa história; minha querida e companheira irmã Ana Paula; minha esposa parceira Taís Bruni Guedes; e os meus pequenos Felipe e Manuela Moreno, filhos queridos, crianças curiosas, cheias de esperança e minhas inspirações para a vida.

> *"Tenho! Um mundo que é cor-de-rosa*
> *De coisas maravilhosas*
> *Que tanto sonhavas ter*
> *Sim! Sim! Sim! Sim!"*
>
> Sidney Magal

Papai Alê

Esse é o jeito que meus filhos, Felipe e Manuela, seis e quatro anos, respectivamente, costumam me chamar, como se houvesse outro pai. Acho engraçado.

Ser pai talvez seja a profissão que eu mais amo e também minha melhor escola para o processo de facilitação. Há um risco imenso nesse processo de "ser pai", não tem manual, assim como a ACP que abordarei neste livro. É o jeito que prevalece, não há métodos.

Creio que exista uma linha tênue entre a liberdade e a libertinagem, entre o amor e o sufocamento. Talvez, eu só vá entender os frutos desse processo daqui a muitos anos. Na dúvida, optei por deixá-los como vieram ao mundo, libertos, porém, com regras combinadas com eles e, se possível, promovendo um ambiente em que eles possam fazer escolhas que competem a cada um e no nível de maturidade deles, desde já. Obviamente, faço parte do processo, e também me posiciono, assim como minha esposa.

Toboágua

Nas férias de verão de 2017/18, fomos para um hotel fazenda no interior de São Paulo. Foram quase dez dias cercados por ar puro, piscinas, cavalos e vaquinhas. Quando estávamos na piscina, havia um toboágua. Obviamente, minha dupla pirou naquela brincadeira. O combinado era o seguinte: escorreguem e eu estarei na água os aguardando. Se precisarem de ajuda, basta esticar o braço, senão sigam para a borda da piscina. No início, fui bastante solicitado, mas com o passar dos dias, fiquei lá, aguardando, mas agora quase como um observador, divertindo-me com o processo deles. No último dia, eu não era mais necessário, ao menos para essa finalidade, e eles continuaram a brincar tranquilamente.

Acredito que criamos, eu e os meus filhos, uma rede de segurança. Afinal, mantive meu acordo, fiquei por perto, no lugar combinado. E eles cumpriram o papel deles, divertindo-se. Facilitei o processo, até o ponto em que eu não era mais necessário. Nesse instante, apenas me retirei, sem dores, sem apego, apenas com a alegria da fluidez do caminho.

Parênteses para Falar dos Peixinhos Aqui de Casa

Ao longo deste livro, farei quatro parênteses para falar dos meus peixinhos, Felipe e Manuela. Falarei dos momentos que compartilhamos, cheios de vida e esperança. Eles são o meu trevo de quatro folhas.

> *"Tu é trevo de quatro folhas*
> *É manhã de domingo à toa*
> *Conversa rara e boa*
> *Pedaço de sonho que faz meu querer acordar*
> *Pra vida*
> *Ai ai ai*

Tu, que tem esse abraço casa
Se decidir bater asa
Me leva contigo pra passear
Eu juro afeto e paz não vão te faltar
Ai ai ai

Ah, eu só quero o leve da vida pra te levar
E o tempo para, ah
E a sorte de levar a hora pra passear
Pra cá e pra lá, pra lá e pra cá
Quando aqui tu tá"

Thiago Iorc e Ana Clara Costa

Primeiro Parênteses

Mostrei o parágrafo "Toboágua" ao Felipe, meu filho (seis anos); ele leu e ficou feliz, mas pensativo. Passados uns 30 minutos, nós dois já deitados na cama, conversando sobre a vida e escutando música para que ele pegasse no sono, Felipe me perguntou:

— Pai, por que você colocou meu nome no livro?

— Porque você e sua irmã Manuela me inspiram a repensar a educação e a tentar de alguma forma ajudar a construir um mundo melhor.

— Por que, pai?

— Porque, quando estudei, minha escola era chata, os professores falavam muito, pouco nos ouviam. Amo vocês e gostaria que a escola fosse um lugar legal, prazeroso e divertido.

— *Por que você me ama pai?*

— *Porque você é meu filho.*

— *Só por isso?*

— *Sim, mas também porque te acho um menino querido, amado, inteligente, o filho que sonhei.*

— *Pai, como você sabe que me ama?*

— *Porque eu sinto.*

— *Pai, como você sente?*

— *É difícil explicar...mas sinto. Você não sente seu coração bater forte quando gosta de alguma coisa?*

— *Sim.... Pai, por que você é meu pai se eu nasci da barriga da mamãe?*

— *Porque para você nascer eu dei uma parte minha para sua mãe. Foram dessas duas partes, a minha e a da sua mãe, que você foi feito. E você, filho, por que me ama?*

— *Porque você é meu pai.*

— *E como sabe que sou seu pai?*

— *Porque você casou com a mamãe.*

— *É verdade filho.*

— *Pai?*

— *O quê?*

— *Boa noite. Te amo.*

— *Boa noite, eu também te amo.*

E assim, dormimos ao som de *Imagine*, de John Lennon.

Acho que um pouco do que está neste livro tem muito dos sentimentos e sensações desse diálogo entre eu e meu filho. É um livro cheio de amor, perguntas e algumas respostas. A ACP é muito mais Felipe e Manuela do que qualquer outra coisa. Curiosidade genuína. Curiosidade da alma. Olhos de criança, num mundo tão duro. Obrigado, filho! Obrigado, filha!

> *"Eu fico com a pureza das respostas das crianças:*
> *É a vida! É bonita e é bonita!*
> *Viver e não ter a vergonha de ser feliz, Cantar,*
> *A beleza de ser um eterno aprendiz"*
>
> Gonzaguinha

Capítulo 1

~*~*~

Abordagem Centrada na Pessoa na Educação Corporativa

> *Dizem que sou louco por pensar assim*
> *Se eu sou muito louco por eu ser feliz*
> *Mas louco é quem me diz*
> *E não é feliz, não é feliz*
> *Eu juro que é melhor*
> *Não ser o normal*
> *Se eu posso pensar que Deus sou eu"*
>
> Rita Lee

Não dá para falar de Abordagem Centrada na Pessoa — ACP sem falar de Carl Ransom Rogers e de Marcos Alberto da Silva Pinto. Rogers foi o precursor dessa abordagem. Humanista, nasceu nos EUA, em 1902. Quando ele ainda era criança, seus pais, cristãos fundamentalistas, decidiram se mudar para uma fazenda com a intenção de afastar os filhos dos males e mazelas do mundo. Ele mesmo dizia ter sido uma criança muito solitária, uma pessoa introvertida, que cresceu isolada e que só conseguiu ter um relacionamento saudável depois de adulto.

Rogers, influenciado pelo ambiente agrícola em que vivia, estudou por quase dois anos Agronomia, mas formou-se em História e, mais tarde, em Psicologia. Como psicólogo, lecionou em universidades, como UCLA, Harvard, Berkley, Wisconsin, Chicago, Ohio. Foi presidente da *American Psychological Association*. Publicou nada menos que 12 livros. Em 1940, ao expor suas ideias em uma conferência na Universidade de Minnesota, foi fortemente confrontado e passou, então, a considerar este dia — 11 de dezembro — como o marco do nascimento da Psicoterapia Centrada na Pessoa.

Foi na universidade de Chicago que ele pôde colocar em prática sua teoria de que o **professor pode ser um facilitador da aprendizagem, oferecendo recursos para que o aluno adquira o conhecimento por meio das vivências.** Esta é a base da Abordagem Centrada na Pessoa e é a base do trabalho da Syntese nos programas de treinamento e desenvolvimento de pessoas nas organizações.

Ter na consultoria a ACP como DNA só foi possível graças ao Marcos. Por meio dele, conheci o universo inicialmente construído por Rogers e, desde então, tudo passou a fazer sentido. Minhas crenças, meus valores, meus sentimentos e sensações, minha visão empreendedora. Tudo se conectou.

Graduado em Psicologia, Marcos é psicoterapeuta e facilitador de grupos de encontro desde 1990. Ministra cursos e palestras sobre a Abordagem Centrada na Pessoa em todo o Brasil. Ele é idealizador, colaborador e mantenedor do site especializado em ACP, www.encontroacp.com.br. Ajudou a fundar a Associação Paulista da ACP, tendo sido presidente por quatro vezes. Atualmente, todos os meses ele tem um encontro marcado com os facilitadores (e não mais consultores) da Syntese para falar sobre a abordagem, tirar dúvidas que surgem no dia a dia dos profissionais em sala de treinamentos corporativos e reforçar que, sim, sempre é possível escolher o caminho da facilitação.

Marcos sempre faz questão de pontuar que a ACP não é uma técnica, mas um jeito de ser, uma atitude, uma crença. Confiar na ACP significa confiar na capacidade natural do outro de sempre buscar o melhor para si. Segundo Rogers, "todo organismo é movido por uma tendência inerente para desenvolver todas as suas potencialidades de maneira a favorecer o seu enriquecimento". Para resumir o que é a ACP, Rogers costumava citar Lao-Tsé, filósofo e poeta da China antiga:

> *"Se eu deixar de interferir nas pessoas,*
> *elas se encarregam de si mesmas.*
> *Se eu deixar de comandar as pessoas,*
> *elas se comportam por si mesmas.*
> *Se eu deixar de pregar às pessoas,*
> *elas se aperfeiçoam por si mesmas.*
> *Se eu deixar de me impor às pessoas,*
> *elas se tornam elas mesmas."*

Pela visão da ACP, a pessoa precisa apenas de um ambiente que promova condições para que ela busque seu caminho, suas respostas e encontre-se. E cabe ao facilitador promover esse ambiente, apenas ajudando o grupo a encontrar sua trajetória de aprendizagem.

Capítulo 2

~*~*~

Os Princípios da ACP

> *"É chato chegar a um objetivo num instante*
> *Prefiro ser essa metamorfose ambulante*
> *Do que ter aquela velha opinião formada sobre tudo"*
>
> Raul Seixas

A Abordagem Centrada na Pessoa tem como pressuposto a tendência atualizante e, a partir dela, compreende-se que existem três posturas que podem facilitar o desenvolvimento humano. São elas:

- Compreensão empática
- Congruência
- Aceitação incondicional positiva

Tendência Atualizante

> *"Nada do que foi será*
> *De novo do jeito que já foi um dia*
> *Tudo passa*
> *Tudo sempre passará*
> *A vida vem em ondas*
> *Como um mar*
> *Num indo e vindo infinito*
> *Tudo que se vê não é*
> *Igual ao que a gente*
> *Viu há um segundo*
> *Tudo muda o tempo todo*
> *No mundo"*
>
> Lulu Santos

Tendência atualizante é, justamente, a convicção de que todo ser vivo busca o melhor para si. Tudo no universo está em formação e tem uma tendência formativa. Mas, ao longo da vida, aprendemos a não confiar na nossa atualização e nos desvinculamos de nós mesmos. Então, muitas vezes, encontramos como forma de atualização o ato de fazer escolhas tidas pelos outros como as certas, as melhores ou as mais adequadas.

O resultado é uma insatisfação coletiva. Quem "obedece" não é feliz, já que não pode ser autêntico, genuíno e agir de acordo com suas necessidades e vontades. Quem "ordena" também é infeliz, porque vive o desgaste de tentar colocar o outro na rota que julga ser a melhor para ele. Essa situação não é rara de ser vista nas relações pessoais e profissionais. Portanto, qualquer semelhança com o mundo corporativo não é mera coincidência.

As pessoas nascem livres para ser e fazer o que querem. Mas ao tentar seguir os padrões sociais e as vontades alheias, passam a viver sob julgamentos. Para dar um exemplo simples, vou falar dos evangélicos. Na minha infância, era comum o sono matinal de domingo da família ser interrompido por pessoas religiosas que tocavam a campainha de casa para pregar a palavra do Senhor. Faziam isso — e creio que ainda o fazem — por considerar que a religião que faz bem para a vida deles também faria para a vida do outro. Isso é um julgamento, é cercear a liberdade de quem prefere, no caso, continuar dormindo na manhã de domingo.

A mãe que tira a blusa da criança por supor que o filho sente calor também está agindo influenciada pelo julgamento. O professor ou instrutor que enche a lousa de matéria julga que esta é a melhor forma de o aluno aprender e de contribuir com o desenvolvimento da classe. No entanto, quem confia na ACP sabe que o desenvolvimento do outro só acontece quando facilitamos as condições para o outro evoluir — e não quando tomamos decisões pelo outro. Dito isso, é fundamental reforçar o que o Marcos sempre repete nos encontros no Núcleo de Aprendizagem Syntese: "A ACP não dá liberdade, ela apenas não a rouba, já que o ser humano é livre desde o nascimento".

Lembrei-me de uma história recente que vivi com minha filha Manuela, de quatro anos. Eu estava incomodado com a sua franja, que no meu ponto de vista estava no seu olho, e disse: "Manu, esta sua franja nos olhos está me incomodando". Ela respondeu: "Mas pai, a franja é minha e não está me incomodando". Fui dormir com essa, pensando na relação controle x liberdade.

Rogers fez a seguinte reflexão, em 1959: "Penso que é possível agora ver claramente por que razão não existe filosofia, crença ou princípios que eu possa encorajar ou persuadir os outros a terem ou a alcançarem. Não posso fazer mais do que tentar viver segundo minha experiência e tentar dar aos outros a permissão e a liberdade de desenvolverem a sua própria liberdade interior para que possam atingir uma interpretação significativa da sua própria experiência".

> *"A vida, no que tem de melhor,*
> *é um processo que flui, que se altera*
> *e onde nada está fixo."*
>
> Carl Rogers

Compreensão Empática

> *"É sempre altamente enriquecedor aceitar outra pessoa."*
>
> Carl Rogers

Compreensão empática é, basicamente, a capacidade imprescindível de o facilitador tentar compreender o outro pelo olhar do outro, entendendo seu contexto, a forma como ele se enxerga e se sente. É entender o outro, despindo-se de preconceitos e julgamentos, deixando de lado o próprio ponto de vista e os próprios valores. Ser empático é tentar entrar no mundo interior do outro, "facilitando condições para que a pessoa também possa se consultar em seus sentimentos e em sua genuinidade", conforme Marcos escreve em seu livro *Praticando a Abordagem Centrada na Pessoa*.

Em um dos encontros dele com os facilitadores da Syntese, citou o simples exemplo de uma história dos personagens de gibi Cebolinha e Cascão. Em uma competição para testar quem era o mais valente, Cascão, que tem pavor de água, para à beira de um rio e estende a mão, até que seu dedo indicador fica a milímetros do nível da água. Nesse momento, ele está certo de que seu ato de coragem lhe renderá a vitória. Mas Cebolinha mergulha na água e se intitula o vencedor.

Cebolinha, nessa história, ao enxergar a atitude do Cascão com seus próprios olhos, sem entender o quanto o amigo foi capaz de vencer seu medo, perdeu a chance de ser empático. Eu, certamente, também perdi a chance de ser empático quando decidi discursar sobre o significado da palavra idiota a um grupo que olhava o celular, enquanto eu passava um vídeo durante um treinamento, e olhei a turma pela lente do Cebolinha. Creio que seja possível ver as situações ao nosso redor pela perspectiva do Cascão ou do Cebolinha, cada uma propõe um ângulo, basta escolher. Ver o Cascão pelas lentes do Cebolinha é uma história, ver pela perspectiva dele — Cascão — mostra o que significou seu ato de coragem.

Muitas vezes, em nome da empatia, corre-se o risco de manipular o outro. Fazemos isso sem perceber. Ceder a um idoso o seu assento e insistir para que ele atenda ao seu pedido mesmo sem querer é um exemplo de empatia às avessas, digamos assim. É uma forma de querer controlar a vontade do outro.

A manipulação bem-intencionada é velada, disfarçada, muitas vezes, de empatia. A boa intenção pode estar alimentada por julgamento e pretensão. Afinal, posso acreditar que sei do que o outro precisa mais do que ele próprio. Sendo assim, farei o possível para que ele se desenvolva naquilo que eu julgo importante.

> *"A verdadeira liberdade é estar na unidade. Eu preciso deixar de me sentir diferente dos outros. Cultivar o amor. O amor reaproxima, vence a distância e a ignorância."*
>
> Professor Hermógenes, doutor em Yogaterapia.

O grande desafio é encontrar uma forma de se libertar do controle. No que se refere a treinamentos, o desafio vale tanto para o facilitador quanto para o participante. Querer controlar o grupo é o mesmo que aprisioná-lo, que mantê-lo no aquário. Como um grupo sob controle pode, depois de um treinamento de desenvolvimento humano, entregar para a empresa valores como autonomia, sentimento de dono, alinhamento de propósito, todas as características tão desejadas por muitos empregadores ultimamente?

Por outro lado, também questiono como os participantes de um treinamento que presume desenvolvimento podem desejar se pautar na apostila, no *PowerPoint*, no movimento dos lábios do instrutor (e não facilitador, neste caso)? O que será da trajetória profissional de cada um deles? E como isso se refletirá nas entregas que esses profissionais farão às empresas que os contratam? Como se refletirá nos resultados do negócio? É um círculo vicioso que, nós, da Syntese, tentamos quebrar todos os dias.

Congruência ou Autenticidade

> *"Nas minhas relações com as pessoas, descobri que não ajuda, a longo prazo, agir como se eu fosse alguma coisa que não sou."*
>
> Carl Rogers

Ser congruente é ter a capacidade e a coragem de expressar sentimentos e sensações provenientes das relações interpessoais. É ser genuíno com o outro, expondo-se de forma verdadeira na relação. Rogers dizia ter a preocupação de colocar à mostra seus sentimentos persistentes em relação ao outro. Quando era algo passageiro, ele não se obrigava a lembrar ou registrar.

Essa necessidade de estar com o outro de forma autêntica surgiu numa ocasião em que ele atendeu uma pessoa cuja forma como falava soava como monótona para ele. Embora se esforçasse para se ater ao que o paciente lhe contava, não conseguia estar na conversa de forma inteira. Depois de relutar muito, Rogers decidiu, então, compartilhar seu sentimento com o interlocutor. Disse a ele que, embora o conteúdo da conversa parecesse interessante, estava com dificuldade de prestar atenção, já que a forma como a pessoa se expressava o deixava cansado.

De início, o paciente ficou chocado. Chegaram a discutir um pouco sobre o assunto, até que o interlocutor de Rogers refletiu e disse: "Acho que descobri o motivo da minha fala monótona. Acho que ao longo da minha vida eu nunca tive a expectativa real de ser verdadeiramente ouvido". Assim nasceu a congruência como postura facilitadora, de acordo com o relato do Marcos, em seu livro.

Importante reforçar que a congruência deve estar sempre acompanhada da empatia. Ser congruente está longe de ser rude ou grosseiro. Ao contrário disso. É uma forma de levar o outro em consideração, revelando que há o desejo de compreendê-lo e, portanto, de facilitar e aprimorar a relação.

Marcos escreveu: "Quando eu sinto a coragem e a confiança para me mostrar congruente nessa relação, ganho condições de me esvaziar daquilo de que eu estava me ocupando e voltar a estar genuinamente com ela (...) A congruência nos leva, certamente, a um novo nível na relação de ajuda e, muitas vezes, na tentativa de não perdermos o 'controle', escondemo-nos atrás de explicações teóricas para justificar a nossa omissão em não dizer algo para o outro".

Rogers, no livro *Tornar-se Pessoa,* afirma: "Não serve de nada agir com calma e delicadeza num momento que estou irritado e disposto a criticar. Não serve de nada agir como se soubesse as respostas para os problemas quando as ignoro. Não serve de nada agir como se sentisse afeição por uma pessoa quando nesse determinado momento sinto hostilidade para com ela. Não serve de nada agir como se estivesse cheio de segurança quando me sinto receoso e hesitante (...) Não me serve de nada agir como se estivesse bem quando me sinto doente".

E continua: "Com efeito, parece-me que a maior parte dos erros que cometo nas relações pessoais, muitos dos momentos de fracasso nos meus esforços para ser útil aos outros, se explica pelo fato de que, por uma reação de defesa, comportei-me, de certa maneira, num nível superficial, ao passo que, na realidade, os meus sentimentos seguiam numa direção contrária".

Trazendo todo esse conceito para o universo da educação corporativa, quanto menos congruência existir, menor a probabilidade de ocorrer uma aprendizagem significativa. Para se manter dentro dos princípios da Abordagem Centrada na Pessoa, o facilitador precisa estar inteiro e confiante na relação com o grupo, crente na capacidade de o grupo se atualizar (tendência atualizante) a partir das suas próprias escolhas.

Mas como ser ACP em um ambiente cheio de regras e exigências da empresa/cliente? A programação do treinamento muitas vezes não pertence ao facilitador. Mas a forma, o jeito de apresentar essa programação ao grupo, sim. Praticar ACP é uma questão de postura, de comportamento, de atitude. ACP é um jeito de ser.

Prova de que as pessoas se atualizam sob qualquer condição foi dada, mais uma vez, pelo Marcos, durante um curso que ministrou na Syntese. Ele contou que um de seus pacientes um dia chegou ao consultório muito cansado dizendo que naquele dia o que o ajudaria seria tirar um cochilo. Diante da situação, Marcos, de forma empática, disse que ele poderia cochilar, se assim desejasse.

De início, o paciente achou essa possibilidade estranha. Após alguns minutos conversando a respeito, ele decidiu tirar um cochilo durante o tempo que dispunha com o terapeuta, que permaneceu o tempo todo junto do cliente. Tempos depois, o homem confessou que Marcos havia conquistado sua confiança, definitivamente, no dia do cochilo.

Situação semelhante Rogers viveu durante a facilitação de um grupo. A primeira meia hora foi de total silêncio. E sobre esse fato, ele disse: "silêncio é uma atitude de pessoas vivas e pessoas vivas se atualizam". O recado aqui é CONFIANÇA — confiar no potencial de o outro se atualizar. Esse é o caminho para a facilitação, um lugar onde o controle não tem vez. É impossível controlar a atualização do outro. Mas é possível facilitá-la, sendo congruente, empático e, consequentemente, legítimo e genuíno.

Aceitação Incondicional Positiva

> *"Um dia de chuva é tão belo*
> *como um dia de sol.*
> *Ambos existem; cada um como é."*
>
> Fernando Pessoa

Ouso dizer que a congruência e a empatia levam à aceitação incondicional positiva. Também seria verdadeiro afirmar o contrário, ou seja, que a aceitação incondicional positiva leva à congruência e à empatia. Vejamos. Onde não há controle, há confiança. Onde há confiança, há a crença no potencial do outro.

Dumela é uma palavra original de Botswana, na África. Acredito que ela define muito bem a aceitação incondicional positiva, pois ela é utilizada quando duas pessoas se cumprimentam e significa nada menos que: "Perceba minha presença, não apenas passe por mim. Admita que eu e você compartilhamos este espaço. Vamos combinar que eu e você podemos ter uma conversa civilizada. Acredite que você não é mais importante do que eu e que eu não sou mais importante do que você".

Segundo Rogers, como o próprio nome sugere, aceitação incondicional positiva é a capacidade imprescindível de o facilitador aceitar o outro incondicionalmente, independentemente do que o outro seja, fale, pense, deseje. Não significa concordar com tudo. Vale estruturar regras e impor limites, mas sem deixar de oferecer à outra pessoa a chance de — e condições para — se sentir aceita e, assim, permanecer disponível na relação para que possa se atualizar por meio dela.

Na convicção de que a outra pessoa está fazendo o melhor que pode naquele momento, há também a crença de que o outro está tentando buscar saídas, a partir das suas próprias experiências. Ora, o que vem a ser esse movimento se não a tentativa de entregar o máximo do seu potencial?

E não é isso que as empresas tanto desejam? Nunca se falou tanto em alto desempenho como agora. No entanto, exigir o alto desempenho é diferente de permitir o alto desempenho. Essa permissão é, a meu ver, a construção de um ambiente que facilite ao colaborador a entrega da sua melhor *performance*, possibilitando a ele autonomia para testar seus limites e capacidades.

Possibilitar que as equipes busquem o autodirecionamento (leia-se: liberdade para que se entreguem à atividade ou ao projeto) é uma moeda muito mais valiosa do que a bonificação ou premiação. O americano Daniel Pink, estudioso sobre motivação no ambiente de trabalho, conta, em uma das suas apresentações no TED, o resultado de um experimento que teve a participação de dois grupos:

- um que recebeu uma recompensa financeira para a solução do problema proposto;
- outro que contou apenas com a pressão do tempo para chegar à solução.

O grupo que recebeu o incentivo levou três minutos e meio a mais para resolver a questão. Segundo ele, equipes guiadas pela máxima "faça isto e receba aquilo" mantêm o foco no prêmio e perdem a capacidade de visão periférica, criativa e inovadora. Pink cita o exemplo do Google, que permite que seus funcionários dediquem 20% do seu tempo de trabalho a projetos não relacionados à rotina da empresa. Produtos inovadores, como Gmail e Google News, nasceram a partir dessa prática.

Na recém-lançada animação infantil franco-canadense *A Bailarina,* a personagem principal é uma menina órfã, Félicie Milliner, que foge do orfanato em busca do sonho de ser bailarina na Paris de 1880. Até conseguir cursar as aulas de balé no *Grand Opera*, a menina vive muitas aventuras e, em uma delas, conhece Camille, que se torna sua principal rival na disputa por um papel na ópera *O Quebra-Nozes*.

Enquanto Camille era tida como a bailarina com a técnica mais perfeita do grupo, Félice chega ao *Grand Opera* sem sequer saber o que era um *pas-de-deux*. Embora não dominasse as técnicas do balé clássico, a menina órfã tinha verdadeira paixão pela dança e se movimentava com o coração, com a alma. Já Camille, dançava por imposição da sua mãe, a megera da trama.

Com muita dedicação, Félice atinge a perfeição na execução de cada passo de balé, tirando qualquer diferença técnica que pudesse haver entre ela e Camille. E, com isso, o que resta é a paixão. Ao encontrar o ambiente favorável para fazer da sua paixão a sua melhor entrega, Félice se destaca.

O curioso é pensar que esse repertório "acredite no seu potencial/busque seu propósito" compõe o enredo de uma animação infantil. Se os *millennials* chegaram ao mercado de trabalho transformando as relações, penso o que será do universo corporativo quando as crianças de hoje estiverem nas cadeiras dos líderes. No mínimo, a constatação de Pink sobre motivação fará parte do dia a dia das organizações. Ou, então, estará obsoleta, dando lugar a uma nova forma, ainda mais inovadora, de construir negócios e engajar pessoas. Quem sabe o engajamento venha a ser, inclusive, um dos principais indicadores de resultados das empresas, estando entre as prioridades até dos acionistas.

O que se sabe hoje é que engajamento faz as pessoas se sentirem parte. E isso traz motivação. Torna, inclusive, mais longo o ciclo de permanência dos profissionais nas empresas. Por mais que executivos (não só os da área de Recursos Humanos) conheçam essa premissa, ainda há o desafio não só de transformarem as culturas corporativas como também os modelos dos treinamentos aplicados para o desenvolvimento humano.

Quem quer, de fato, estimular o comportamento autônomo (o sentimento de dono, como muito se tem dito), deixa a ACP entrar na sala de treinamento. Quem ainda não acredita que autonomia gera produtividade, de certo vai exigir das consultorias do mercado o plano de aula estruturado em um belo *PowerPoint*.

Na Syntese, o *PowerPoint* não é o agente principal. Não é ele que leva o conhecimento que precisa emergir na sala de treinamento. O conhecimento, as respostas e as verdades estão no próprio grupo. Por isso, adotamos o "jeito ACP" para criar condições de desenvolvimento dos participantes, permitindo que eles cheguem aonde querem chegar e confiando no potencial de cada um dos integrantes.

Concordo com Rogers quando ele diz que o melhor grupo de encontro é aquele em que, depois que acontece, as pessoas falam: "fomos nós que fizemos isso". O participante é o centro do processo de aprendizagem — e não o conteúdo ou o facilitador.

Capítulo 3

~*~*~

> *"A parte mais difícil de imaginar o futuro é desimaginar o passado."*
>
> Vijay Kumar, diretor-adjunto de Aprendizagem Digital do MIT

A Vida Dentro dos Aquários

Eu sempre gostei de aquários, mas não sou propriamente um praticante do aquarismo. Assim, minhas reflexões são como admirador e leigo, não como especialista. Vou usar o aquário lá de casa, aquele que ornamenta o quarto do meu querido filho Felipe, para traçar um paralelo entre a fauna criada no vidro, o tradicional ambiente escolar e o universo corporativo. Metaforicamente, classifiquei três tipos de aquários: aquário Brasil, aquário escolar e aquário corporativo.

O Grande Aquário Brasil e a Era do Mandonismo

> *"Brasil!*
> *Mostra a tua cara*
> *Quero ver quem paga*
> *Pra gente ficar assim*
> *Brasil!*
> *Qual é o teu negócio?*
> *O nome do teu sócio?*
> *Confia em mim"*
>
> Cazuza

Concentração de Poder e Postura de Espectador é o nome de um dos capítulos do livro *Gestão à Brasileira*, da psicóloga, doutora em Administração, professora e conselheira Betânia Tanure. A última edição desta obra data de 2007, mas os dados, garanto, continuam bastante atuais.

Um dos gráficos apresentados no livro, e que é, especificamente, de 1996, revela o percentual de concordância dos profissionais para a seguinte afirmação: "É importante que o gerente tenha respostas precisas para a maioria das questões colocadas pelo subordinado sobre assuntos referentes ao seu trabalho". No Brasil, o nível de anuência a essa premissa é o mais alto, chegando a 83%, contra 18% nos EUA, 27% na Grã-Bretanha, 53% na França e 66% na Itália (o segundo maior).

Considerando o ano da aplicação dessa pesquisa, convido o leitor a refletir se os 83% daquela época estão distantes da realidade vivida nas empresas hoje. Ouso dizer que não, já que, historicamente, como a própria Betânia escreve, o liderado no Brasil está habituado, desde a infância, à estrutura hierarquizada de poder. Mandonismo, protecionismo e dependência fazem parte da nossa cultura. Segundo a autora, foi daí que se originou o mutismo (derivado de mudez, é o estado de imobilidade, com uma especial ausência da necessidade de falar e de impulso verbal, que está presente nos casos de esquizofrenia e de histeria) visto na sociedade brasileira e que fez os diálogos serem substituídos por comunicados.

Betânia relata que os brasileiros funcionam orientados pela autoridade externa, principalmente num ambiente de pessoas com baixa qualificação, de grande desequilíbrio de poder, sem liberdade e autonomia e com baixo senso crítico. Só não concordo com o recorte de pessoas de baixa qualificação. Nos treinamentos que a Syntese tem ministrado nos seus 15 anos de existência, temos visto muitos gestores e profissionais qualificados sem espaço para expor ideias ou sugestões de melhorias, sem oportunidade de provocar mudanças e ávidos pelo diálogo. Isso porque o ambiente não facilita sua participação e colaboração. Ou seja, é um ambiente "zero ACP". É o controle em detrimento da liberdade, gerando uma postura de espectador naquele que deveria ser o protagonista, o agente de transformação.

O espectador é aquele que tem baixa iniciativa, pouca capacidade de realização por autodeterminação e que transfere a responsabilidade para o líder quando surge uma dificuldade. Todos esses atributos do "profissional espectador" estão na obra da Betânia publicada em 2007 e, de certo, estão também presentes em muitos colaboradores que formam os times de grandes organizações hoje em dia.

Esse cenário contribui para a formação do ciclo vicioso no qual o líder, por conta da postura dos espectadores, prefere manter o controle rigoroso dos subordinados, assumindo a posição daquele que detém o poder e é indispensável para o bom desempenho do negócio. Seguindo o ciclo, o liderado se estabelece na zona de conforto e abre mão da sua contribuição na gestão.

Imaginem como é o clima dentro dessas organizações? Imaginem como se dão os planos de sucessão dentro dessas organizações? Muitas vezes, a Syntese é acionada para desenvolver treinamentos cujo objetivo é estimular líderes e liderados a manterem um diálogo aberto. E esta é uma boa notícia, já que demonstra um movimento do mundo corporativo em busca de práticas menos controladoras e mais colaborativas. Ainda é incipiente. Mas já é um começo.

Durante a redação deste livro, consultamos alguns profissionais da área de Recursos Humanos que, durante anos, estiveram em cadeiras de liderança dentro de organizações e, hoje, atuam como consultores e facilitadores. Perguntamos a eles se fazia sentido afirmar que o mercado corporativo passa por um momento de disrupção, no que se refere a desenvolvimento organizacional.

Marina Mazi, que tem nada menos que 24 anos de trajetória na área de Recursos Humanos, com passagens por empresas como Telefónica e Credicard, hoje é consultora. Segundo ela, o método tradicional de desenvolvimento organizacional está fadado a desaparecer. "Ainda não dá para afirmar que se trata de um momento de disrupção, mas de um movimento gradual para o novo", reflete.

Luciana Rovegno é mestre em educação de adultos pelo SIT (*School for International Training, Vermount,* EUA), além de mentora e facilitadora em grandes organizações. Ela também enxerga uma tendência de as empresas buscarem o novo e destaca a contribuição dos consultores, ao provocarem a reflexão e trazerem questionamentos e soluções que começam a despontar em empresas líderes em desenvolvimento humano. "Sempre digo que facilitação interessa aos diretores e ao presidente. Não é um assunto de RH somente. Quando a empresa envolve o RH nas decisões, é mais fácil fazer a liderança entender a importância de recursos educacionais que levam ao desenvolvimento não só dos indivíduos, mas também da organização", afirma.

Ela ressalta que o desafio dos consultores é, primeiro, contribuir com o desenvolvimento dos profissionais de Recursos Humanos, levando a eles conhecimento sobre novas aplicações e ferramentas que são tendência em educação corporativa. Tem muita produção intelectual na academia, tanto no Brasil quanto mundo afora, ou seja, especialistas debruçados em novas descobertas e seus benefícios para as corporações. Quanto mais o consultor se apropriar desses novos conhecimentos e compartilhá-los com os RHs, maior será a probabilidade de provocarmos mudanças em como as organizações entendem o papel da aprendizagem para o alcance de resultados, incorporando novas — e mais eficazes — formas de desenvolver suas equipes.

Ainda vemos muitos profissionais de RH atuando de forma reativa, preocupados com a percepção de valor que as ações de desenvolvimento humano geram", esclarece Luciana. E completa: "O RH não pode se sentir constrangido e ter receio ao demandar tempo da alta liderança para discutir pessoas, estrutura, sucessão, desenvolvimento etc. Não faz sentido achar que "temas de negócios" são mais importantes que temas relacionados ao desenvolvimento humano. Afinal, é por meio das pessoas que o negócio dá resultados... ou não?", enaltece.

Enquanto a disrupção não acontecer de maneira significativa, entendo que a Syntese e outras consultorias terão papel importante no mercado. Porém, torço para chegar o dia em que nossos serviços não sejam mais necessários. Nesse dia, veremos empresas promovendo diálogos internos, sem a necessidade de intervenção ou intermediação de terceiros.

Não é preciso ser genial para constatar que onde há diálogo há mais chance de se estabelecer empatia (compreensão empática) entre as partes. Empatia é a ponta do fio que liga o propósito do colaborador ao da empresa. Ela permite uma conexão entre a vontade da companhia de priorizar pessoas para conquistar resultados e a vontade do time de querer fazer parte, de se engajar nessa conquista. É justamente isso que tentamos mostrar para as empresas que insistem em querer controlar o conteúdo e a forma dos treinamentos.

Aquário Escolar: Ambiente de Água Fria

> *"Pai, como a água entra no coco?"*
>
> Felipe Moreno, seis anos, meu filho, curioso sobre a água de coco que bebia numa tarde ensolarada.

O que tenho visto, ao longo da vida, é uma educação focada no professor, instrutor ou qualquer outro nome que se queira dar. O conteúdo, muitas vezes maçante e sem sentido com a realidade, é despejado por grandes manilhas de barro, são dutos de esgoto e água misturados, tudo caindo na cabeça do aluno em grandes volumes, enchendo os aquários de tralhas, lixos que boiam pelas águas turvas de mentes agitadas e ocupam espaço nos *HDs* das crianças, jovens, adultos. O que vale é o que o professor sabe.

Após refletir sobre as teorias acima, resolvi escutar algumas pessoas para que este capítulo não corresse o risco de ficar focado apenas na minha perspectiva. Escutei desde crianças até universitários, da educação pública e privada.

Comecei a jornada com um querido sobrinho, Leonardo, nove anos, estuda numa escola privada muito tradicional de São Paulo.

— *Léo, do que você mais gosta na escola?*

— *Do que mais gosto é o recreio. Acho que poderia durar uma hora.*

— *Por quê?*

— *Porque é divertido!*

— *E de qual aula você mais gosta?*

— *Adoro aula de Educação Física e Música.*

— *Por quê?*

— *Porque nessas aulas eu tenho um tempo para fazer o que quiser. Existe também a aula da assembleia ou convivência. Nessa aula, a gente fica em roda e discute sobre coisas que acontecem e do que a gente gosta ou não. Por exemplo, um amigo meu disse que o padrasto de um amigo dele o chamava de gordinho, toda vez que ele ia brincar lá, e ele não gostava.*

— *Léo, e o que você fez quando ouviu essa história?*

— *Eu não fiz nada. Apenas escutei.*

— *Você acha que o ajudou?*

— *Acredito que sim, porque ele disse que conversou com o padrasto do amigo.*

— *Léo, do que você não gosta na escola?*

— *Eu não gosto da aula de História!*

— *Por quê?*

— *Porque a professora só fala, fala, fala... coisas sem sentido. Eu também não gosto de Português. Fico pensando por que preciso aprender paroxítona?*

— *Algo mais?*

— *Eu odeio lição de casa! Não sei por que tem tantas.*

— *Como seria sua escola ideal, Léo?*

— *Teríamos quatro meses de férias, dois no final do ano e dois no meio. E o recreio teria uma hora de duração. Ah, o professor também daria aulas mais legais, contaria histórias. Seria mais divertido.*

Fiquei pensando muito sobre os Leonardos que encontramos nas escolas. Até quando teremos uma educação que aprisiona o potencial criativo? Até quando teremos uma educação sem significado? Até quando teremos lição de casa? Por quanto tempo mais as escolas utilizarão as provas? Para mim, a pequena fala transcrita da conversa que tive com o Leonardo é um grito, um pedido de liberdade, uma busca pelo propósito naquilo que aprendemos.

Inspirado nessa conversa, lembrei-me de um pequeno trecho da música *Agora Só Falta Você*, composta pela maior roqueira do Brasil, Santa Rita de Sampa, que diz o seguinte:

> *"E em tudo que eu faço*
> *Existe um porquê*
> *Eu sei que eu nasci*
> *Sei que eu nasci pra saber"*
>
> Rita Lee

Recebi diversas redações de alunos. De maneira geral, li frases do tipo:

"Não entendo por que tanta lição de casa. Sonho com uma escola sem séries", aluna do 7º ano em uma escola particular*.

"Detesto copiar coisas da lousa", aluna do 6º ano em uma escola particular*.

"Amo o recreio", aluno do 5º ano em uma escola particular*.

"Sonho com uma escola que não seja focada no vestibular, e sim na vida", Rebeca Quatroni, aluna do 3º ano do Ensino Médio, em uma escola municipal.

"Quando penso em escola, penso em obrigações, cansaço, incompreensão, infelicidade", Camila Saueia, aluna do 3º ano do Ensino Médio, em uma escola municipal.

"Eu ia para a escola com um tênis sim e outro não. Amarrava o dedão para dizer que estava machucado." Li esta frase na Virada Sustentável, em São Paulo.

*Os alunos não autorizaram a divulgação de seus nomes.

Entre tantas coisas que recebi e que, sem dúvida, servirão de material para outros momentos, gostaria de dividir com o leitor e leitora duas cartas. São cartas de duas mulheres. A primeira estudou a vida toda em escola pública e, hoje, cursa Psicologia em uma universidade privada, fruto do seu esforço. A segunda, uma estudante do último ano do ensino médio, bolsista de uma escola privada, vivendo as angústias do futuro que se apresenta imenso à sua frente.

Primeira Carta: "A História de Marina"

> *"Minha trajetória escolar começou aos seis anos de idade. Estudei durante 11 anos na mesma escola cheia de grades, portões e uma sirene ensurdecedora que nos avisava a hora de entrar na sala ou sair dela. Os professores eram detentores do poder e do saber, aulas chatas, alunos agitados, mesas e cadeiras enfileiradas e a maior preocupação desses professores era manter a sala em silêncio. Se os alunos estavam aprendendo ou não, ninguém se importava. Se você fosse para a escola todos os dias e se comportasse, já era o suficiente para eles.*
>
> *Eu sempre tive dificuldade de concentração e demorava muito mais que os meus colegas para aprender e terminar as atividades. Tenho lembranças de chorar muito em dias de provas, por não conseguir acompanhar o ritmo da sala e ser sempre a última a terminar.*
>
> *As salas eram sempre muito cheias e os professores não conseguiam olhar com atenção para todos os alunos. Geralmente, eles se preocupavam mais com quem era agitado e bagunceiro. Como eu era quieta e comportada, os professores não me percebiam.*

Minhas melhores lembranças são as relações que construí nesses 11 anos. Muitos dos meus colegas abandonaram a escola: amigas que engravidaram durante a adolescência, aqueles que precisavam trabalhar e não conseguiram continuar na escola e outros que, infelizmente, foram vítimas da violência e tiveram a adolescência interrompida. Eu sempre ficava muito triste quando essas coisas aconteciam, porque meus amigos eram a melhor coisa que eu tinha na escola.

Na escola pública, não somos preparados para o tal vestibular. Lá, somos preparados para ser 'alguém na vida'. E o que é ser 'alguém na vida'? Eu sempre ficava com essa dúvida.

Concluí o ensino médio aos 17 anos, mas não pude entrar para a faculdade assim que saí da escola. Tive de trabalhar por um longo período até conseguir pagar minha faculdade sozinha, já que meus pais não puderam me ajudar.

Quando, finalmente, consegui entrar para a faculdade, estava cheia de medos e curiosidade, pois a universidade sempre foi algo muito distante da nossa realidade de alunos de escola pública da periferia.

Logo percebi que muitas coisas se repetiam: a 'famosa' grade curricular, as provas, aulas expositivas e professores que não consideravam a opinião e o conhecimento do aluno. Porém, na faculdade, mesmo com o jeito tradicional de ensino, vi mais sentido no que eu estava aprendendo, e, de fato, internalizei o aprendizado. Não fiquei apenas decorando conteúdo para passar nas provas.

Hoje, trabalho com educação e acredito num modelo diferente do que está presente na maioria das escolas. Meu maior desejo é um modelo de educação onde o aluno seja visto como parte integral na construção do aprendizado, sem que o professor seja a autoridade máxima dentro da sala de aula."

Marina Oliveira, 28 anos.

Segunda Carta: "A História de Laura"

"Nunca estudei numa escola do tipo convencional. Não consigo me imaginar num colégio com tantas pessoas que ninguém se conhece e em que os alunos são números e os funcionários são desconhecidos. Onde eu estudo, os professores estão sempre disponíveis para os alunos, seja para uma dúvida da matéria ou para um desabafo sobre a vida. Já conversei tanto com professores que sei até nome e idade de seus filhos, assim como muitos deles sabem muito sobre mim. Nós temos voz naquele espaço, tanto para exigir mudanças quanto para fazer todo o tipo de crítica ao machismo, racismo, homofobia e a todos os outros problemas que possamos imaginar. Como minha coordenadora já me disse algumas vezes, eles estão lá para formar cidadãos, não apenas mais pessoas para o mercado de trabalho.

Quando era mais nova, passava o dia numa escola/fazenda, brincando na areia e tirando leite de vaca, isso no meio de São Paulo. O conceito do colégio sempre foi muito humanitário, tudo feito com muita atenção e carinho. Não posso reclamar de crescer pegando jabuticaba do pé e brincando com ótimos amigos, muitos que mantenho até hoje. Desde sempre, tive uma forte ligação com a natureza e os animais, tanto que acabei aderindo ao veganismo e devo isso às duas escolas em que estudei.

Quando fiz seis anos, fui para a 'escola de gente mais velha', os animais de fazenda foram substituídos por saguis, mas o verde continuou muito presente. Nessa nova escola, que não seguia qualquer padrão e espalhava seus alunos por salas em meio a uma forte presença da natureza, a ecologia sempre foi muito destacada. Durante o fundamental, tive algumas relações um pouco chatas com alguns professores. Lembro-me de uma professora de Português que 'ensinava' gritando e um de Matemática que se recusava a tirar minhas dúvidas, afirmando que tudo aquilo era muito fácil (até hoje tenho dificuldade em exatas), mas acredito que todo mundo já teve algum professor desse tipo. Fora um probleminha ou outro, foi uma época gostosa. Minha sala sempre foi a mais bagunceira e cada vez eu fazia mais amigos, e minha maior preocupação eram as saídas para o shopping no final de semana. A vida real ainda parecia distante.

A entrada para o ensino médio foi um choque. O aumento da cobrança e das matérias, somado a conversas sobre vestibular, me levou ao extremo. Virei noites e noites, chorava diariamente de cansaço e, em meio a isso, a escola decidiu trocar o material que usávamos para um mais 'forte'. Hoje, eu vejo que na verdade não era tão pesado assim, mas por não ter maturidade para aquela mudança toda, eu fazia ficar pior, o que não diminuía a crise. Após um primeiro semestre caótico, enfim chegaram as férias. Fiz uma viagem sensacional para o Japão e não voltei a mesma. Após essa experiência fantástica, ficou difícil voltar para aquela rotina maçante. Larguei todo o esforço e vi minhas notas baixarem. Para mim, a escola era apenas uma obrigação e eu não suportava aquele lugar, e não via propósito algum naquilo tudo.

Felizmente, encontrei um equilíbrio. Com a ajuda dos meus pais e dos meus professores, descobri um interesse por aprender. Comecei a dar valor aos incríveis profissionais que atuavam naquele espaço e estava realmente tentando absorver para a minha vida todo aquele conhecimento. Um dos momentos mais marcantes para mim se passou em uma aula de História. Tivemos duas aulas dessa matéria no mesmo dia, ambas sobre o Holocausto. Na primeira aula, eu chorei devido às imagens mostradas e fiquei muito perturbada com toda aquela crueldade. Na segunda, disse ao meu professor o quanto aquilo tinha mexido comigo. Ele começou a chorar, dizendo que ficava agradecido por toda essa maldade me tocar, já que a nossa geração será o exemplo para suas filhas que são bem mais novas, e disse que ainda havia esperanças. São por acontecimentos como esse que eu sei que sempre lembrarei dos professores dessa escola com grande carinho.

E, agora, segundo semestre do terceiro ano, algumas inscrições de vestibular já feitas e outra a caminho, a vida adulta batendo à porta e o receio de perceber que essa fase esplêndida está acabando. Devo tanto a essa escola, não poderia ter pedido um ambiente melhor, ou amigos melhores, ou professores melhores. Sinto-me tão privilegiada de ter tido essa oportunidade. Pode estar quase no fim, mas vai sempre estar marcado. É devido a esse colégio que eu sou quem sou hoje e por isso serei eternamente grata."

Laura Fagundes, 17 anos.

Duas mulheres, dois relatos, duas perspectivas, dois Brasis. E, como afirma Rubem Alves, duas escolas:

"Escolas que são gaiolas existem para que os pássaros desaprendam a arte do voo.

Pássaros engaiolados são pássaros sob controle. Engaiolados, o seu dono pode levá-los para onde quiser. Pássaros engaiolados têm sempre um dono. Deixaram de ser pássaros.

Porque a essência dos pássaros é o voo.

Escolas que são asas não amam pássaros engaiolados. O que elas amam são os pássaros em voo. Existem para dar aos pássaros coragem para voar. Ensinar o voo, isso elas não podem fazer, porque o voo já nasce dentro dos pássaros. O voo não pode ser ensinado. Só pode ser encorajado."

Rubem Alves

Pergunte aos Universitários

Recentemente, fui convidado para palestrar na Universidade na qual fiz minha graduação (FCA UNESP Botucatu, no interior paulista). Já falei sobre ela aqui no livro. Pois bem. Ouvi diversas perguntas ao chegar para esse bate-papo com alunos. A primeira, foi de uma querida professora que admiro muito. Ela disse: "O que você trouxe para a palestra? Computador, *PowerPoint*, filmes?". Respondi, delicadamente: "Bastam eu e eles (alunos)?". Ela sorriu, educadamente, e me acolheu como de costume. Seguimos para o auditório da UNESP, quase 180 alunos e professores, todos esperando meu *PowerPoint* e minhas "dicas" sobre carreira e liderança.

Fiz uma breve apresentação (explanação oral sobre quem eu sou), sentei numa cadeira e perguntei quem teria a primeira pergunta.

Para variar, silêncio... Segundos depois, chegou a primeira questão. Ela foi feita por um professor: "Como faço para me motivar? Como motivo os alunos? E o que devo fazer quando os alunos dormem?". Pensei, seriam perguntas de um peixe do aquário para um peixe do mar? E respondi a ele: "Não sei como fazer para você se motivar". Devo tê-lo frustrado. Como eu, um palestrante, professor, mestre, não tenho uma resposta para tamanho dilema? Porque acredito que a facilitação está ao lado das perguntas e não das respostas. E só o professor, em questão, poderia responder à sua própria pergunta. Até porque, muitas vezes, nem eu sei o que me motiva. Como saberia o que motiva os outros?

Para as demais questões, convidei-o para a seguinte reflexão, já descrita neste livro: "Você já perguntou aos seus alunos o que os motiva?". Caso faça essa pergunta, fica um alerta: terá de, muito provavelmente, "bancar" a resposta. Não há problema em não perguntar. Inclusive, falamos neste livro sobre escolhas possíveis, sendo que não há regras duras e caminhos únicos. Porém, se estiver disposto a seguir o caminho da facilitação, vá em frente. Talvez, ela surpreenda e leve à descoberta de que alguns alunos queiram aula, apenas àula, no modelo fordista (escala industrial), nada mais. Métodos, *PowerPoints* e produção de conteúdo em série. Talvez outros queiram construir as aulas, ir para debaixo das árvores, fazer roda de conversa, colar *post-its* nas paredes, debater tudo à exaustão. Não importa o caminho. Importa que seja significativo para os participantes. E você, facilitador, professor, educador, fez, então, apenas o simples: criou um ambiente ou condições para que a aprendizagem acontecesse. Esse é o jeito ACP para facilitação.

Marcos, durante um curso sobre ACP na Syntese, contou que um dos seus professores da faculdade de Psicologia, no primeiro dia de aula, perguntou para a turma como gostaria que ele ministrasse as aulas. Uma discussão, que durou quase a aula toda, rendeu uma lista de exigências dos alunos. Constavam da lista itens do tipo: não aplicar prova, não marcar falta e por aí vai. A única contrapartida que o professor colocou para aceitar todas as decisões dos alunos estava descrita no último item da lista: "nenhuma exigência poderá ser alterada até o final do curso". Obviamente, os estudantes, com o passar do tempo, perceberam que suas escolhas tinham consequências e tentaram, sem sucesso, mudar as regras que eles próprios haviam criado. Fizeram um grande esforço para trocar o professor do curso, depois brigaram entre si, discutiram aos montes, até compreenderem, tempos depois, o que significava toda aquela possibilidade. Essa situação evidencia como a ACP, ao facilitar o ambiente para que as pessoas busquem o melhor para si, também concede a elas responsabilidade pelos seus atos e suas preferências.

Foi essa lição que uma amiga, Andrea Piscitelli, me deu no dia em que eu estava aflito, depois de ministrar uma aula na FAAP. Assim como o professor da Faculdade de Agronomia, eu também queria saber como evitar que alunos dormissem na minha aula. O que Andrea me disse foi o que repassei ao professor que me questionou durante a palestra na UNESP: "Você está vendo apenas a foto. Entenda o filme. Você sabe como é a vida desses alunos? Sabe como foi o dia deles?". Para mim, ouvir isso foi um soco no estômago. Por que eu ficava incomodado com os cochilos de poucos alunos? Por que eu era o "culpado" pelo sono deles? Comecei a me libertar dessas amarras. Primeiro, aceitando que a fala da minha amiga fazia muito sentido. E depois, toda vez que eu tinha dúvida, perguntava à classe: "Estou me sentindo angustiado com alguns de vocês dormindo. Há alguma relação com a minha aula? Há algo que eu possa fazer para melhorar?". Fui congruente.

Isso é o jeito ACP. E vale dizer que não se trata de um método, mas de um jeito de ser. Existe o risco de querer transformar a ACP em método. Se isso acontecer, a ACP deixará de ser ACP.

Diálogos Transformadores

Após essa visita a Botucatu, recebi uma mensagem de outro professor, Paulo Arbex, que também assistiu à minha palestra (ele foi meu *bixo* na faculdade). Atualmente, ele conduz as aulas de Máquinas Agrícolas no segundo ano da faculdade de Agronomia. Ele me escreveu: "Estou completamente fora do eixo. Sempre fiquei pensando em como as aulas poderiam ser e, quando vi o jeito com que conduziu sua palestra na UNESP, fiquei pensando que era possível fazer diferente".

Ao ler a mensagem, propus a ele uma conversa sobre educação ACP. Rapidamente, ele e a professora Izabel Takitane organizaram um grupo com dez professores e vieram à Syntese. Esse encontro aconteceu na garagem, um lugar despojado que cria um ambiente no mínimo inusitado, se comparado ao de uma sala de aula tradicional. Como de costume, fiz uma roda. Os participantes se apresentaram e contaram o porquê de estarem ali. Ouvi frases do tipo:

"Os índices do Enade estão baixos, precisamos rever o caminho."

"Esta geração é muito diferente. Querem tudo para ontem. Não sei o que fazer."

"Estou aberto a rever as aulas."

"Os alunos são desinteressados."

"Não deixar que o aluno te faça perguntas por julgar que ele não tem conhecimento prévio é a maior prova de que nossa aula é péssima. Nós estamos roubando o tempo do nosso aluno."

"Eu amo Agronomia, está sendo muito prazeroso para mim poder dar aula, mas penso que não está prazeroso para o meu aluno."

"Eu faço as perguntas, não espero deles. Fico muito angustiada, quero arranhar a lousa."

"Nós avaliamos muito o aprendizado com base nas respostas, mas esquecemos que o aprendizado também está nas perguntas."

"Eu preciso ser mais livre."

"Preciso apenas saber começar."

"Será que a evasão escolar não é por causa das nossas aulas?"

A partir dessas questões, fiz uma breve explanação sobre a ACP. Em seguida, começamos um diálogo sobre como poderia ser um jeito diferente para facilitar as aulas.

Como estudei Agronomia, sei exatamente o que é ser aluno desse curso em Botucatu. As aulas acontecem em uma belíssima e antiga fazenda de café chamada Lajeado. No entanto, todo potencial e atmosfera do local — e que são raros no mundo acadêmico — se perdem, já que os alunos ficam imersos nas salas de aula, ao som de mosquitinhos e teorias dos professores. Quando estudei lá, eu e meus colegas, para fugir das aulas modorrentas (o que não era raro), saíamos em revoada para um barranco gramado, em frente à sala de aula. Aquele momento era carinhosamente apelidado de "Vamos Fazer Fotossíntese".

Voltando à garagem da Syntese, fiz uma proposta aos professores: "Se vocês pudessem construir, neste instante, a aula dos sonhos, onde tudo, absolutamente tudo, fosse possível, o que fariam?". Então, separados em grupos e munidos de *post-its*, canetinhas coloridas, brinquedos e tudo aquilo que quisessem, começamos a atividade. Após 30 minutos, uma turma apresentou para a outra sua aula ideal. E, acreditem, ela era praticamente igual à aula tradicional, tinha até prova no final.

Essa experiência gerou uma grande discussão. Um grupo propunha uma aula sobre fermentação de pães e o fluxo apresentado sugeria contar aos alunos a história dos pães; depois, selecionar um texto para leitura; a seguir, ensinar sobre o processo; e mais algumas etapas até a avaliação final. Após ouvir e acolher aquela explanação animada, propus uma reflexão para o grupo sobre o aprendizado por meio da emoção. Contei histórias que vivi com a minha querida avó Dorcas, que amava fazer pão. Lembro dela encostada na bancada de uma pia de mármore, com seus braços fortes misturando docemente os ingredientes, amassando e batendo a massa. Ela preparava os pães e os cobria com um cobertor colorido. Separava uma pequena bolinha daquela massa, colocava num copo d'água e orientava: "Quando a bolinha subir, você avisa a vovó". "Por quê?", perguntava curioso. E ela carinhosamente respondia: "Quando subir, a massa estará pronta para ir ao forno".

A partir daí, começava um ritual. Eu ficava à espreita, ansioso para ver a bolinha flutuar. Muitas vezes, tentava ajudar com a mão. Quando, finalmente, a massa subia, eu saía em disparada para avisar a minha avó. Uma vez que a assadeira estava no forno, era só esperar o aroma invadir a velha casa. Assim que o pão ficava pronto, sentava embaixo da sombra de um jambeiro que havia no quintal. Minha avó cortava cuidadosamente os pedaços do pão que ainda soltavam fumaça, passava manteiga, que derretia lindamente. Depois, era só saborear. Esse era o nosso ritual do pão.

Perguntei aos professores quantas histórias com pães poderiam haver na sala de aula e quantos vínculos emocionais poderiam ser estabelecidos a partir dessas conversas. O pão agrega, constrói, une pessoas. Por que não começar uma aula sobre fermentação dos pães por esse caminho? A resposta foi o silêncio. Eu o ouvi contemplativo. Senti um arrepio, como quem toca a alma de alguém.

A seguir, fiz uma pergunta: "Por que não fazer uma aula ao contrário?". Algo como colocar o pão sobre a mesa e deixar que os alunos façam perguntas ao pão. Vale tudo. A partir das perguntas, a aula seria construída. Sem dúvida, esse caminho consideraria um fator chave para o sucesso do processo: a aula nasceria da curiosidade dos participantes e não da vontade ou desejo de uma única pessoa, o professor.

Fiz outra pergunta: por que não fazer uma prova às avessas? A ideia seria entregar respostas e propor aos alunos que estruturassem as perguntas, de forma a avaliar a qualidade das perguntas. Novamente, silêncio e alguns sorrisos nervosos. Ao término, ouvi de cada um o depoimento carregado de vontade de rever o jeito de lidar com as aulas, trocando, aos poucos, controle por liberdade.

Alguns poucos dias depois dessa experiência com o grupo, recebo uma mensagem do professor Paulo Arbex que reproduzo na íntegra: "Cara, você não acredita no que fiz na aula hoje! O mesmo esquema que construímos na garagem para falar sobre o ensino. Em vez de virar para o quadro e começar a passar a matéria, fiz diferente. Comecei com as seguintes perguntas: Quais problemas temos nas aulas de Agronomia? E qual seria a aula ideal para vocês? Eles falaram um monte, tudo aquilo que sentiam. Fui escrevendo na lousa. Foi show! Ficavam eufóricos quando viam suas frases sendo escritas no quadro. E acabei com a mesma pergunta que você fez para nós, ao término do encontro na Syntese. O que tem de impossível nessa aula ideal? Nada!".

O professor Arbex enviou a foto da lousa construída nessa aula e, acredite, os pedidos são os mesmos dos alunos dos ensinos básico, médio e fundamental. Veja alguns deles: queremos aulas práticas; menos conteúdo; estágios; outras práticas pedagógicas; horário flexível; outras formas de avaliação.

Perguntei ao Arbex o que pretendia fazer com essas descobertas e ele respondeu: "Levarei à congregação da faculdade (uma espécie de conselho de professores e direção) para discussão. Também mudarei minhas aulas. Começarei comigo a mudança".

> *"Meus pés deslizam na água*
> *Adoro seu vai e vem*
> *A água faz só o que quer*

Não liga pra mais ninguém
A vila me acha louca
Diz que eu sonho até demais
Mas quem sabe ser feliz
Não volta atrás"

Seu Lugar, música do filme *Moana*, Disney.

Desde os Primórdios até Hoje em Dia

"Nossas escolas são construídas segundo o modelo das linhas de montagem. Escolas são fábricas organizadas para a produção de unidades biopsicológicas móveis portadoras de conhecimentos e habilidades. Esses conhecimentos e habilidades são definidos exteriormente por agências governamentais a que se conferiu autoridade para isso. Os modelos estabelecidos por tais agências são obrigatórios e têm a força de leis. Unidades biopsicológicas móveis que, ao final do processo, não estejam de acordo com tais modelos são descartadas. É a sua igualdade que atesta a qualidade do processo. Não havendo passado no teste de qualidade-igualdade, elas não recebem os certificados de excelência ISO 12000, vulgarmente denominados diplomas. As unidades biopsicológicas móveis são aquilo que vulgarmente recebe o nome de 'alunos'."

Rubem Alves

Os aquários escolares fazem parte das famílias desde sempre, peixes sempre ensinaram peixes. Mas esses aquários — escolas tradicionais de ensino — tiveram sua origem no século XVIII, a partir do Iluminismo. O objetivo principal era universalizar o acesso das pessoas ao conhecimento. Tempos depois, já no século XIX, na Inglaterra, iniciava-se a Revolução Industrial. Ela atravessa o Oceano Atlântico após alguns anos, desembarcando nas terras do Tio Sam. O reflexo disso foi um ciclo de transformações nos meios de produção, nas relações de trabalho e no modo de viver. Junto com essa onda, as águas se agitaram. E é no meio do movimento das marés, em 1914, que um *big fish* norte-americano chamado Henry Ford revolucionou o mercado automobilístico e industrial da época, criando um modelo de produção em massa de produtos, que ganhou o nome de Fordismo.

A forma mais característica de produção em série criada por Ford é a linha de montagem, que introduz a produção padronizada, em série e em massa. Nesse período, o trabalhador era o sujeito desqualificado que desenvolvia uma função mecânica, sem nenhuma exigência intelectual. Pensar era para os especialistas, os engenheiros.

As pessoas começaram a viver numa nova ordem econômica e social. O mundo passava por um amplo processo de transformação, exigindo um novo jeito de educar, capaz de introduzir o ensino técnico e profissional que garantisse qualificação para aqueles que atuariam a favor do crescimento da indústria.

Todo esse movimento começou há mais de um século, tendo acontecido um *upgrade* do aquário escolar na Revolução Industrial. Contudo, talvez este tenha sido o último salto considerável na educação. Não digo aqui que o salto foi bom ou ruim. Mas, sim, que ele representou um alinhamento do modelo ao sistema vigente à época.

Se pudéssemos trazer um professor da época das indústrias de Henry Ford para uma escola hoje, numa espécie de viagem do tempo, ele encontraria coisas muito parecidas com sua vida acadêmica no início do século passado. Quadro negro e giz, alunos sentadinhos e enfileirados, ouvindo, apenas ouvindo o grande e sábio peixe. Provavelmente, ele veria a separação dos alunos em séries e temas denominados disciplinas, sem falar da assustadora grade curricular.

Ele poderia dar aula normalmente, já que, aparentemente, tudo permaneceu igual. Imagino que num bate-papo rápido com esse professor do passado ouviríamos coisas do tipo: "estes alunos são difíceis", "não estão interessados", "ah, no meu tempo eles eram ótimos". Acredito que ele repetiria a mesma aula, do mesmo jeito e optaria por reclamar dos alunos e da Escola, em vez de rever sua própria postura.

Esses professores que viajaram no tempo ficaram por aqui e acabaram se reproduzindo. Hoje, ainda vivem em cardumes. Eu os vejo todos os dias por aí, em escolas, universidades e dando treinamentos por consultorias. Alguns ainda idolatram o grande *Mr.* Henry Ford. Afinal, é preferível controlar e "injetar conhecimento", garantindo a tranquilidade da escola, no modelo fordista, do que convidar os participantes a pensarem, colocando-se no papel de facilitador que "apenas" cria condições para que os alunos cresçam e encontrem o que, de fato, seja melhor para eles, na concepção deles. Trocar controle por liberdade não é tarefa fácil para as escolas e professores. Isso porque a maioria ainda acredita que se os estudantes não forem treinados para lidar com métodos tradicionais, terão dificuldades em serem aprovados em vestibulares e concursos, que ainda utilizam os métodos da avaliação por notas. Muitos pais ainda creem nisso, constantemente escuto esta fala: "Sei que para o meu filho a escola é chata, mas ele TEM de entrar para uma boa faculdade para ser alguém! Então terá de passar por isso". Portanto, é muito difícil pensar em mudar o sistema de aprendizagem sem mudar os métodos de avaliação e seleção do sistema como um todo.

Em uma antiga entrevista, o mestre Rubem Alves disse: "Por que não trocamos o vestibular por sorteio? Acabaria com esta neurose das escolas e essa régua absurda do vestibular (ou ENEM) e, provavelmente, a liberdade para aprender ganharia força". Uma boa provocação para refletir.

Educação e Imediatismo Não Combinam

Zygmunt Bauman foi sociólogo, pensador, professor e escritor polonês, uma das vozes mais críticas da sociedade contemporânea. Criou a expressão "Modernidade Líquida" para classificar a fluidez do mundo onde os indivíduos não possuem mais padrão de referência. Ele faz uma análise importante sobre a situação atual da educação. Na minha visão, a perspectiva apresentada por ele também está relacionada aos desejos e anseios de algumas empresas e RHs. Ele afirma: "Gosto de me referir a um ditado chinês da época de Confúcio. Ele diz que, se você planeja para um ano, semeie milho. Se planeja para dez anos, plante uma árvore. Se planeja para 100 anos, eduque as pessoas. É disso que estamos nos esquecendo hoje". E continua: "Nosso sistema educacional atual é uma das vítimas da cultura do imediatismo. Educação e imediatismo são termos contraditórios. Não se pode ter os dois. Ou se tem uma educação de qualidade ou se tem o imediatismo. Não dá para ter os dois ao mesmo tempo. E este é um problema terrível".

Contextualizar e Integrar

Muitos aquários escolares, para a sorte dos seus habitantes, criaram conectores com outros aquários. A Internet assume a função das tubulações de vidro que permitem aos professores, direção e alunos "explorarem" outros ambientes, conhecerem novas práticas e voltarem melhores para seus aquários de origem. Por meio da Internet, as escolas podem conhecer práticas educativas transformadoras na Finlândia, na Suécia, na Espanha, em Portugal ou na África do Sul. Essa troca ajuda os alunos a expandirem suas janelas para o mundo e ampliarem perspectivas. A rede global de computadores leva os peixes para um oceano de possibilidades, rompe as grades e coloca abaixo a pobre régua dos vestibulares e ENEMs. Ela apresenta aos peixes, nas diferentes hierarquias, a possibilidade de uma educação plena, onde o indivíduo se educa para o mundo e transforma esse mundo a partir de si.

Há um antropólogo, sociólogo e filósofo francês, chamado Edgar Morin, o qual admiro muito e que ajuda a organizar e dar forma às questões que trouxe acima. Segundo Morin, "devemos, pois, pensar sobre o problema do ensino, considerando, por um lado, os efeitos cada vez mais graves da compartimentação dos saberes e da incapacidade de articulá-los, uns aos outros; por outro, considerando que a aptidão para contextualizar e integrar é uma qualidade fundamental da mente humana, que precisa ser desenvolvida, e não atrofiada".

Uma Ponte para a Autonomia: Projeto Âncora

> *"É necessário instituir novas e autônomas formas de organização das escolas."*
>
> José Pacheco

Antes de apresentar o projeto Âncora, vale a pena fazer uma breve apresentação da portuguesa Escola da Ponte que inspirou esse projeto. A Ponte não segue um sistema baseado em seriação ou ciclos e seus professores não são responsáveis por uma disciplina ou por uma turma específica. Entre as crianças e os adolescentes que lá estudam, muitos eram considerados violentos, desacreditados e foram transferidos de outras instituições. São os estudantes que definem quais são suas áreas de interesse e desenvolvem projetos de pesquisa, tanto em grupo como individuais. Os alunos podem recorrer a qualquer professor para solicitar suas respostas. Se eles não conseguem responder, os encaminham a um especialista.

O professor José Pacheco explica sobre como funciona a organização das aulas na Ponte. "Não há salas de aula, e sim lugares onde cada aluno procura pessoas, ferramentas e soluções, testa seus conhecimentos e convive com os outros. São os espaços educativos. Hoje, eles estão designados por área. Na humanística, por exemplo, estuda-se História e Geografia; no pavilhão das ciências, fica o material sobre Matemática; e o central abriga a Educação Artística e a Tecnológica".

Em 2016, fui ao Projeto Âncora, uma associação Civil de Assistência Social, de natureza beneficente, filantrópica e cultural, de fins não econômicos e não lucrativos. Uma escola brasileira inspirada na Ponte e que tem como um dos seus mentores o professor Pacheco. O propósito do projeto criado em 1995 e localizado em um espaço de 11 mil metros quadrados é "desenvolver cidadãos conscientes de suas capacidades para construir coletivamente uma sociedade justa, equilibrada e sustentável".

A estrutura conta com quadras de esportes, refeitórios, pista de skate, picadeiro, jardins e uma biblioteca com mais de dez mil livros. Fundado pelo empresário Walter Steurer, o projeto é mantido pela iniciativa privada, com a colaboração de empresas, fundações e demais doadores.

Quando os visitei, em Cotia (SP), fiquei maravilhado com o jeito dos alunos e professores. Fui apresentado ao projeto pelos alunos, são crianças de todas as idades que se voluntariam para contar um pouco das práticas educativas desse lindo e arborizado local. Eloquentes e fazendo uso absolutamente correto da Língua Portuguesa, pulavam e contavam um pouco sobre os tutores, o modelo que privilegia o interesse nos temas e a exploração do assunto escolhido em grupo. No Âncora, alunos de seis a dez anos estudam juntos.

Um fato inusitado aconteceu enquanto eu aguardava os alunos para a visita. Um grupo de meninos me cercou brevemente, um deles perguntou: "Moço, qual a raiz quadrada de 64?". Prontamente, respondi: "oito!". Eles saíram felizes, como se tivessem vencido alguma aposta, e já eu fiquei agoniado, pensando: "Estraguei tudo! Dei uma resposta!". Pura bobeira, fui espontâneo.

Talvez, naquele instante, eu tenha ficado angustiado porque quando os alunos do Âncora precisam de ajuda, recorrem aos tutores, que "apenas" orientam e fazem mais perguntas para as crianças. Assim, um ciclo de curiosidade, liberdade e responsabilidade se forma. Na escola, os alunos são colocados em contato com diferentes atividades: música, informática, esportes, circo, artes e culinária.

É incrível ver gente amando estudar. Ficou a imagem de um lugar lindo e inspirador, com educadores que cumprem o seu nobre papel de criar "Espantos", como dizia o mestre Rubem Alves. Uma escola de espantos é uma escola que ensina a pensar. Criar a alegria de pensar é o objetivo da educação, segundo Rubem Alves. Vi no olhar daquelas crianças a curiosidade em aprender e a possibilidade de uma vida melhor, para cada uma delas e suas famílias.

Para se matricular no Âncora, é necessário cumprir algumas exigências, como morar em um raio de até 3 km de distância da escola e ter renda familiar de até três salários mínimos — não há custo algum para os pais.

O projeto Âncora é um respiro de esperança e boas histórias no aquário escolar. Vale a visita. Eles recebem interessados em conhecer o projeto.

Para quem quer saber mais sobre o Projeto Âncora, visite o site www.projetoancora.org.br

Professor Braz Nogueira

> *"O professor é aquele que oferece recursos para que o aluno aprenda com tudo, com todos, em todos os lugares e sempre."*
>
> Braz Nogueira

Recentemente, fui à TEDx São Paulo e assisti a inúmeras palestras sobre educação, inclusive a de Braz Nogueira. Ele foi professor de escola pública por 19 anos e diretor da EMEF Presidente Campos Salles, na favela de Heliópolis, por mais de 20 anos. Nessa escola, quando Braz assumiu seu cargo, o cenário era de guerra, tráfico de drogas, assassinatos, toque de recolher. Era uma escola cercada e que lembrava um presídio. Inspirado no projeto português da Escola da Ponte, o diretor começou um movimento com o apoio dos professores. Salas de aula foram transformadas em quatro grandes salões, com até 80 alunos separados em grupos de quatro pessoas. Para apoiá-los, havia três educadores. Esses professores entram em cena quando são chamados pelos alunos e têm o papel de apoiar, não de responder. Eles colocam-se ao lado das perguntas.

Segundo o IDEB (Índice de Desenvolvimento da Educação Básica), essa escola está abaixo daquilo que muitos pais exigem, mas o professor Nogueira afirma, categoricamente: "O IDEB não mede autonomia, solidariedade e responsabilidade". Oficialmente, o IDEB é calculado a partir de dois componentes: a taxa de rendimento escolar (aprovação) e as médias de desempenho nos exames aplicados pelo Inep (Instituto Nacional de Estudos e Pesquisas Educacionais Anísio Teixeira).

Nogueira segue sua trilha favorecendo a construção de um ambiente de ajuda, facilitando a cooperação, a criatividade e a formação de um ser humano integral.

UNAS

Estimulado por essa história, fui conhecer a escola e a comunidade. A surpresa foi ainda maior. Conheci o Reginaldo, líder da UNAS (União de Núcleos, Associações dos Moradores de Heliópolis e Região), uma ONG que tem como missão "Contribuir para transformar Heliópolis e região num **bairro educador**, promovendo a cidadania e o desenvolvimento integral da comunidade". Essa organização surgiu em meados dos anos 1980, enquanto comissão de moradores da favela Heliópolis composta por representantes de cada núcleo da comunidade que lutavam pelo direito à moradia e posse da terra.

O bairro de Heliópolis possui aproximadamente um milhão de metros quadrados e se localiza na região sudeste da cidade de São Paulo, a 8 km do centro. Em sua área, vivem cerca de 200 mil habitantes, a maioria de origem nordestina.

Reginaldo conta que "a articulação e organização da comunidade viraram o jogo em Heliópolis". Toda essa organização tem a educação como instrumento de emancipação, impactando mais de 12 mil pessoas diretamente por mês. Ele também falou sobre a rádio comunitária e a força da comunicação para estabelecer os objetivos da ONG. Diariamente, há um programa falando sobre as possibilidades nas escolas, preparação para vestibular etc.

Todos os projetos da ONG estão em total sincronia com a Campos Salles. Mas nem tudo são flores. Ele contou uma história que vale a pena compartilhar. Disse que um dia, um aluno, já saído da Campos Salles para fazer o ensino médio numa escola estadual, comentou: "Não adiantou nada esse modelo proposto pelo Braz! Tínhamos de fazer uma redação na escola, escrevi três páginas, repletas de argumentos e análises profundas sobre o tema. E sabe qual foi minha nota? Três! Fiquei indignado e fui falar com a professora. Afinal, os demais escreveram, se muito, meia página. E ela disse que eu escrevi muito e que não tinha tempo para ler tudo".

Reginaldo me disse: "Você entende a indignação do moleque? Não adianta a Campos Salles promover tudo isso, se quando ele se depara com a realidade do sistema escolar é uma grande decepção. Temos de mudar todo o processo, e não apenas parte dele".

Acho que não preciso comentar, deixarei para o leitor e leitora a incumbência da reflexão.

A seguir, fui até a Campos Salles e vi na prática aquilo que o professor Braz contou na sua palestra. Fiquei encantado com a eloquência dos alunos, os grupos de estudo, a multidisciplinaridade, o papel do professor-tutor. Durante quase duas horas, conversei com as crianças, meninos e meninas felizes, transpirando saúde, sapequices e alegria. Saí de lá cheio de esperança.

Transdisciplinaridade

Acredito que o movimento proposto pelo projeto Âncora e pelo professor Braz Nogueira estejam muito alinhados com os princípios da transdisciplinaridade, que consiste na intercomunicação entre as disciplinas, derrubando as fronteiras entre elas. O *Dicionário Interativo da Educação Brasileira — Educabrasil* retrata que a ideia de transdisciplinaridade surgiu para superar o conceito de disciplina, que se configura pela departamentalização do saber em diversas matérias. Ou seja, considera que as práticas educativas foram centradas num paradigma em que cada disciplina é abordada de modo fragmentado e isolada das demais. Isso resultaria também na fragmentação das mentalidades, das consciências e das posturas que perdem, assim, a compreensão do ser, da vida e da cultura em suas relações e inter-relações.

A fonte diz, ainda, que a transdisciplinaridade é um princípio do qual decorrem várias consequências práticas, tanto nas metodologias de ensino quanto na proposta curricular e pedagógica. Ela considera que, embora cada um dos campos guarde suas especificidades, há entre eles um intercâmbio permanente, formando novos campos.

Segundo o psicólogo Jean Piaget, a interdisciplinaridade seria uma forma de chegar à transdisciplinaridade. A interdisciplinaridade considera um diálogo entre as disciplinas, porém, continua estruturada nas esferas da disciplinaridade. A transdisciplinaridade, por sua vez, alcançaria um estágio onde não haveria mais fronteiras entre as disciplinas e se consideraria outras fontes e níveis de conhecimento.

O termo transdisciplinaridade, originalmente criado por Piaget, foi apresentado em 1970, no primeiro seminário internacional sobre pluri e interdisciplinaridade, na Universidade de Nice (*Université Nice Sophia Antipolis*), na França.

Hoje, existe o *Centre International de Recherches et d'Études transdisciplinaires* (CIRET), que tem como fundador o físico romeno Basarab Nicolescu. Ele sugere que a transdisciplinaridade é uma nova abordagem científica, cultural, espiritual e social, ou seja, é estudar um objeto sob seus diversos pontos de vista, pois seu objetivo é a compreensão do mundo presente. E para tal compreensão, um dos imperativos é a unidade de conhecimento.

Para o sociólogo Edgar Morin, a transdisciplinaridade "corresponde ao olhar que subverte o reducionismo da visão disciplinar frente à complexidade do homem e da realidade social". A transdisciplinaridade questiona o excesso de fragmentação do saber e a pouca visão do todo. Se a proposta educacional das escolas é formar alunos para a vida, para o mercado de trabalho, por que não os preparamos de uma forma mais ampla, compatível com os novos desafios da atualidade?

Na história abaixo, o leitor e a leitora verão um exemplo prático desse conceito.

Sustainability Institute

Quando estive na África do Sul, visitei o *Sustainability Institute* (SI), localizado na ecovila de *Lynedoch*, a cerca de 30 quilômetros da Cidade do Cabo. A escola foi fundada pela educadora e ativista sul-africana Eve Annecke e seu marido, o educador Mark Swilling. Inspirados pelo modelo do *Schumacher College* (Inglaterra), ambos fundaram, em 1999, a ONG *Sustainability Institute*, que desenvolve cursos em parceria com a Escola de Liderança Pública e a Faculdade de Economia e Administração da Universidade de *Stellenbosch*.

Fiz essa visita acompanhado do meu grande amigo irmão, Renato Inácio, e do ex-aluno e agora professor do SI, o brasileiro Eduardo Shimahara, coautor do livro *Volta ao Mundo em 13 Escolas*, sendo uma dessas o próprio *Sustainability Institute*. Apenas como curiosidade, Shimahara foi o primeiro brasileiro a estudar no SI.

Eu já havia lido o livro e me apaixonado pelo capítulo que conta a história do instituto. Chegar lá foi absolutamente emocionante. A escola transpira cooperação. As salas de aula, que não lembram em nada os modelos convencionais, têm até uma área que remete aos espaços de aprendizagem dos filósofos gregos, uma espécie de arena. Trabalhar no jardim, na horta e praticar meditação são atividades cotidianas para os alunos do mestrado e doutorado que lá estudam.

"A transdisciplinaridade é um elemento que compõe a essência do Instituto. Na transdisciplinaridade, deixa de existir a divisão por disciplinas, as conexões tornam-se mais importantes do que qualquer compartimentação ou rotulagem daquilo que está sendo estudado", afirma Shimahara.

Conforme a visão dos fundadores do SI, "na rotina dos alunos, a transdisciplinaridade é vivenciada, principalmente, devido à presença de dois elementos. O primeiro é a ecovila, que potencializa a percepção da complexidade dos assuntos por unir o tradicional (as salas de aula) e o informal (o jardim, as conversas no café, a meditação pela manhã); por unir a prática (com as mãos na enxada) e a teoria (a biblioteca); e por unir o barulho (de gente batendo o martelo para consertar alguma coisa nas suas casas) e o silêncio (da quietude das plantas). O segundo elemento é o fator humano: a diversidade dos alunos".

Recomendo aos entusiastas da Educação a leitura do livro *Volta ao mundo em 13 Escolas*, dos autores André Gravatá, Camila Piza, Carla Mayumi e Eduardo Shimahara. O livro está disponível em PDF na internet. Vale cada linha!

Para quem quer saber mais sobre o *Sustainability Institute*, visite o site www.sustainabilityinstitute.net

Parênteses DOIS para Falar dos Peixinhos Aqui de Casa

Temos um hábito aqui em casa. Normalmente, sou eu quem dou banho no Felipe e na Manuela. A prática tem virado quase um ritual. Quando estou em casa, o banho fica por minha conta. Entramos todos no box, cantamos, brincamos e ouço belíssimas perguntas. Separei mais uma dessas histórias de curiosidade genuína e conclusões divertidas. A conversa começou com a Manuela, de quatro anos.

— Papai, como a água chega lá no chuveiro?

— Não sei. Como você acha?

— Eu sei! Tem um balde grandão atrás da parede. Aí, um cano pega a água do balde e manda para o chuveiro. Depois, a água cai no ralo e volta para o balde.

— Então, a gente toma banho com a água que cai no ralo?

— Sim!

— Mas, a água não fica suja, Manu?

— Não, papai, ela fica limpinha porque a gente lavou ela.

— Ah, entendi.

— Pai, se você olhar direitinho lá no ralo você pode até ver o Japão, sabia?

— Não sabia.

— Quer ver?

— Quero sim! — e me deitei no chão do banheiro para ver o Japão. Foi pura diversão.

Felipe, seis anos, empolgado com a história do chuveiro, disse que tinha a sua versão:

— Pai, eu sei como a água chega ao chuveiro.

— Como? — perguntei levantando do chão após viajar até o Japão.

— Tem um cano bem grande, muito grande, que pega a água de um balde bem grande que fica lá embaixo no chão.

— Ah, é? E como ela sobe?

— Ela sobe pelo cano! Depois que a gente toma banho, ela cai no ralo e sai por outro cano até algum lugar que eu não sei onde fica — e acho que ninguém vê — que se chama esgoto.

Após esse papo, regado a uma disputa saudável para discutir a origem da água do chuveiro, abri uma parte da estrutura de plástico que fica na parede do banheiro e dá acesso à tubulação. Lá, mostrei dois canos. Eles ficaram encantados, mas havia uma dúvida no ar: "Onde está o balde, papai?". "Onde vocês acham?", perguntei. Concluíram que deveria ser em outro lugar, provavelmente no térreo ou no telhado do prédio. Eu disse que não sabia e que poderíamos investigar juntos. Ficamos animados e começamos o projeto "Como a água chega ao chuveiro?".

Fico aqui imaginando quantas possibilidades de aprendizagem significativa acontecerão após esse papo no chuveiro. E quantas outras poderiam acontecer nas escolas e empresas baseadas na perspectiva da curiosidade.

Recorro aqui a Paulo Freire. Ele diz que para construir seu método de ensino, aprendizagem e pesquisa parte das necessidades populares e entrelaça isso a quatro momentos interdependentes:

1. Ler o mundo, o que implica o cultivo da curiosidade;
2. Compartilhar o mundo lido, o que implica o diálogo;
3. A educação como ato de produção e de reconstrução do saber;
4. A educação como prática de liberdade. Liberdade como a capacidade para se autodeterminar, agindo de acordo com uma direção consciente.

Aquário Corporativo

Não são apenas as casas, escolas e universidades que têm seus aquários e peixes. Existe um lugar poderoso e atrativo denominado, para nós, como Aquário Corporativo. Nesse lugar mágico, encontramos uma infinidade de peixes, que vivem em águas alimentadas por salários, bônus, férias, 13°, benefícios, promoções, festas e afins. Esse grande aquário, na maioria das vezes, tem sua hierarquia. Há peixes de todos os tipos, cores e tamanhos.

Cada aquário tem sua temperatura e seu pH; isso significa, na teoria, que os peixes que habitam essas águas deveriam ser das espécies naturais desse sistema. Contudo, não é exatamente assim que acontece. Há uma série de "peixes ácidos" em aquários alcalinos e vice-versa. Muitos ficam onde acreditam que só existe aquele ambiente e que não há oceano além daquelas paredes retangulares de vidro. Outros até olham para fora, mas preferem bater suas nadadeiras nas águas conhecidas a arriscarem-se em mares nunca antes navegados. Assim, sobrevivem porque se adaptam. Criam escamas mais grossas e aprendem a "comer sapos" para viverem nessa rica e diversa fauna e flora aquática. Seria hipócrita se dissesse que não existem aquários corporativos belíssimos, com peixes felizes e saudáveis. Lá, eles nadam em águas ideais para a sua espécie, em boas condições de temperatura, pH e luminosidade.

A fauna aquática dos aquários corporativos é rica. Muitas vezes, o cardume é tão poderoso que generalizamos o grupo como sendo o aquário. Há outras centenas de espécies, cada uma com suas características e contribuições. Não há aquário sem peixes, mas há peixes sem aquários.

Água Fresca para o Mundo Corporativo: Hemisfério Sul do Planeta

> *"Não existiria som*
> *Se não houvesse o silêncio*
> *Não haveria luz*
> *Se não fosse a escuridão*
> *A vida é mesmo assim*
> *Dia e noite, não e sim"*
>
> Lulu Santos

O mundo corporativo, na minha perspectiva, necessita rever suas referências. Vivemos num mundo exponencialmente imprevisível, conectado, não linear e multidisciplinar, que exige um tipo de liderança diferente do modelo fordista, já discutido neste livro.

Linda Hill, titular da cátedra *Wallace Brett Donham Professor of Business Administration* na *Harvard Business School*, já investigou a liderança sob muitos ângulos. Seus estudos também a fizeram percorrer o mundo para satisfazer uma curiosidade de longa data sobre economias emergentes, da Argentina à África do Sul, da Índia aos Emirados Árabes Unidos. Atualmente, Linda é diretora do curso *High Potential Leadership* da HBS e da *Leadership Initiative*, programa de pesquisa voltado a encurtar a distância entre a teoria e a prática da liderança. Nos seus estudos, ela destaca os desafios de encontrar e preparar gente capaz de liderar de modo indireto, permitindo que outros assumam a dianteira, tomem decisões e assumam riscos por conta própria.

Ela faz a seguinte afirmação num artigo da revista *Harvard Business Review* (2008): "Há cerca de dez anos, venho acompanhado a carreira de dirigentes empresariais — nenhum deles branco — na África do Sul pós-*apartheid*. Muitas dessas pessoas me sugeriram que há um estilo africano de liderança, capturado no conceito de ubuntu, comumente sintetizado na frase 'eu sou porque nós somos'. Se esse estilo de fato existir, a mentalidade decorrente do ubuntu talvez seja condizente com o talento para forjar parcerias dentro de empresas e entre elas — talento cada vez mais importante, não importa onde se opere".

Nessa mesma entrevista, Linda conta que na biografia de Nelson Mandela, *Longo Caminho para a Liberdade*, há um trecho em que ele relembra como um líder de sua tribo falava sobre liderança: "Um líder é como um pastor. Segue atrás do rebanho, deixando que os mais ágeis tomem a dianteira e os demais os sigam — sem perceber que, o tempo todo, estão sendo guiados pela retaguarda".

Sobre essa ideia de liderança trazida por Mandela, a professora de Harvard reflete: "Para mim, essa imagem do pastor personifica o tipo de líder de que, cada vez mais, precisamos. Alguém que saiba criar um contexto ou uma cultura na qual outras pessoas tenham disposição e capacidade para liderar. A imagem do pastor atrás do rebanho é um reconhecimento de que a liderança é uma atividade coletiva na qual pessoas distintas, em momentos distintos — dependendo de seus pontos fortes ou de sua 'agilidade' — assumem a dianteira para levar o grupo para a direção certa. A metáfora também alude à agilidade de um grupo que não precisa esperar por ordens vindo da frente para então reagir. Esse tipo de agilidade tende a surgir em grupos cujo líder encara o próprio papel como o de abrir oportunidades para a liderança coletiva, e não apenas definir rumos. Seria bom deixar claro que liderar na retaguarda não é abdicar da responsabilidade".

África do Sul

> *"A educação é a arma mais poderosa que você pode usar para mudar o mundo."*
>
> Nelson Mandela

Foi inspirado por esse cenário repleto de possibilidades que mergulhei no universo sul-africano. Foi transformadora a experiência de conhecer, no início de 2017, a África do Sul, ao lado do meu incentivador e amigo Renato Inácio, e tendo como mentor Eduardo Shimahara. Essa experiência abriu novas perspectivas na minha vida.

As razões são muitas, mas entre elas está o fato de quebrar preconceitos quanto ao que é a África do Sul. Normalmente, nós a associamos apenas à pobreza, à fome e a grandes animais. Esta é apenas uma das milhões de perspectivas possíveis num continente que tem 54 países e mais de 1.500 idiomas diferentes.

Assim, visitar o país, e especialmente *Cape Town* (Cidade do Cabo), foi um soco no estômago para a minha arrogância. Essa cidade foi eleita a capital gastronômica e, por duas vezes, a capital do *design* do mundo. Foi eleita destino número um no mundo pelo *New York Times*, em 2014. A cidade que fez o primeiro transplante cardíaco do mundo lança luzes e ideias para a construção de um futuro melhor. Outro choque de realidade foi saber que a universidade americana de Stanford está abrindo um campus na Cidade do Cabo. Além disso, quando expandimos a visão para o país, um dado faz o queixo cair. Os sul-africanos já embolsaram dez prêmios Nobel, sendo três para Medicina, dois para Literatura, um para Química e quatro para a Paz — Albert Luthuli, Frederik de Klerk, Nelson Mandela e Desmond Tutu. O curioso é que os dois últimos da lista moraram na mesma rua em Joanesburgo, na *Vilakazi Street*. Ah! Apenas a título de comparação, o Brasil não tem nenhum Prêmio Nobel.

Claro que o país tem problemas sociais, políticos e econômicos não muito diferentes dos problemas do Brasil. Mas talvez seja essa a similaridade que potencializa essa ponte tão pouco transitada por nós.

Em novembro de 2017, voltei com um grupo para os mesmos lugares, mas com novos olhares. Aprendemos literalmente com todos os sentidos, tudo aguçado pela energia sul-africana. Conhecemos a história de pessoas encorajadoras, como a Sra. Ruth, ex-moradora do Distrito 6, um dos mais de 90 bairros destruídos pelos brancos na época do *Apartheid*. Ela nos contou que os brancos batiam nas portas das casas, pediam para que os negros que ali viviam colocassem seus objetos pessoais numa única mala e partissem para "um lugar muito melhor", normalmente uma favela (chamada por eles de *townships*) a mais de 40 km daquele local. A sua mãe resistiu por quase dois anos, mesmo vivendo sem luz e energia elétrica, até que sucumbiu e foi levada para essa favela, onde viveu por dois dias até morrer vítima de uma parada cardíaca. Ruth nos disse emocionada que "ela morreu com o coração partido". Ela também contou que perdoou aqueles que fizeram isso, mas reforçou: "perdoar não é apagar o passado. Mas entendi com o tempo que a falta de perdão me envenenava".

Uma das participantes da jornada, Carolina Bortoloto, fez um registro que, entendo, representa a sensação do grupo nessa experiência de aprendizagem: "Aprendi que devo olhar o outro como se estivesse olhando no espelho! O *Apartheid* está dentro da gente e não nos damos conta do quanto excluímos o diferente, sem perceber que somos todos iguais!".

Pensando nessas conexões com o hemisfério sul do planeta e na força dessa experiência transformadora, a Syntese promoverá viagens anuais para a África do Sul, numa jornada de "Contrastes e Oportunidades". Já levamos e continuaremos levando grupos de pessoas que querem viver uma imersão na cultura baseada nos contrastes. O programa contempla visitas a escolas, favelas, vinícolas (são mais de 600 nos arredores da Cidade do Cabo) e ao revigorado porto *Water Front* (gerenciado pela iniciativa privada). Também visitaremos o MOCAA, o mais moderno e completo museu de arte contemporânea do hemisfério sul e que foi construído num silo de grãos. Visitaremos *Robben Island* (a ilha onde Mandela ficou preso) e o mercado de produtores *Oranjezicht.*

Esse mercado é conduzido por uma empreendedora cheia de energia e vigor típicos das maiores referências globais. O local tem *design* simples, exuberante e um cuidado especial no trato com os clientes. O *Oranjezicht* reúne produtores locais sob o slogan *Local is Lekker* (Local é legal). E não se trata apenas de uma questão semântica. É a alma da África do Sul fortalecer a produção local.

A sensação que tenho após essas experiências na África do Sul é a clara necessidade de descolonizarmos a educação. Não sabemos quase nada sobre a história do povo africano, não entendemos a energia dessa gente que são nossos ancestrais. Nas escolas, não discutimos com profundidade o que foi a escravidão no Brasil, o que foi o *Apartheid*, não falamos sobre racismo. Optamos, ao longo da história, de maneira pensada, pelo "branqueamento" da população, acreditando que assim minimizaríamos as diferenças e colocaríamos para baixo do pano todas as questões raciais.

Além disso, a África, bem como o hemisfério sul do planeta, representa, sem dúvida, um novo horizonte para a educação, o empreendedorismo e o futuro do trabalho. Desde sempre, be-

bemos das fontes europeias e americanas e já sabemos aonde essas influências levam tanto as pessoas quanto as organizações. Fica o convite. Por que não tirar o pano e ver o que há no lado sul do planeta?

Uma das participantes da primeira jornada em novembro 2017 foi Débora Gaudêncio, referência no tema Comunicação Não Violenta (falaremos sobre esse tema no último capítulo). Ela escreveu um depoimento sobre a experiência sul-africana:

> *"Conheci a Syntese por intermédio de uma grande amiga que, ao participar de um encontro de Comunicação Não Violenta, me disse que o tema tinha muita conexão com a Abordagem Centrada na Pessoa. E ela estava certa. Foi a partir dos estudos com Carl Rogers, principalmente focados na Empatia, que Marshall Rosenberg decidiu pesquisar e identificar na comunicação elementos que pudessem apoiar relações genuínas entre as pessoas. Ele percebeu, por meio do trabalho de Rogers, que a escuta empática era sanadora e que a comunicação poderia ser um canal para fluir a empatia entre as pessoas.*
>
> *Eu, então, apaixonada por essa pesquisa em comunicação, imediatamente senti que precisava entender melhor o que era a ACP para que também a CNV pudesse ser vista por mim de maneira mais completa e mais profunda. E assim, dias depois, eu estava na Syntese conhecendo o Alexandre e aprendendo mais sobre a ACP com o Marcos.*
>
> *No início do workshop sobre a ACP, o Alexandre comentou que acabara de chegar de uma viagem incrível à África. Naquele momento, algo em mim já ressoou diferente, porque ele simplesmente não contou, ele traduziu, em pouquíssimos minutos, uma emoção, alegria e descobrimento que me impactaram; claro, eu precisava saber mais daquilo. E assim foi. No final do encontro, ele contou mais sobre a tal viagem e os planos de uma jornada e como seria essa experiência. Pronto. Não foi preciso mais nada. Enquanto ele falava sobre as experiências, eu já me via lá. Simples assim. Foi paixão pela jornada à primeira vista.*

Eu embarquei sem nenhuma expectativa, somente embalada pelo olhar apaixonado do Alexandre, ao contar um pouquinho sobre as experiências vividas por ele lá. Logo no primeiro dia, percebi as cores da viagem: o local escolhido para o jantar cheio de arte, a música cheia de sensibilidade, a comida cheia de significados, os participantes e envolvidos cheios de entusiasmo e eu ali, cheia de gratidão por ter dito sim àquele chamado.

E acredito que essa mistura de sons, cheiros, sabores e trocas deu toda a base para o início de um processo de aprendizagem trimembrado em que confio muito: a relação eu comigo, eu com o outro e eu na sociedade.

Estávamos conhecendo pessoas, lugares e histórias indescritíveis, ao mesmo tempo que isso nos levava a olharmos para nós, para o outro e para o nosso papel no mundo. De maneira leve, divertida, profunda e com consciência. Individualmente e em grupo. Uma oportunidade que, no dia a dia, ou não surge ou, então, deixamos escapar, mas que ali, tudo estava orquestradamente preparado para a vivenciarmos.

E a qualidade desse mergulho interno, esse olhar para o meu EU, foi todo permeado pelas atividades experimentadas durante os dias da viagem. Eu não só ouvi, eu ouvi, mas também tive a oportunidade de falar do que estava vivo em mim. Eu não só percebi a arte, eu pude senti-la e me conectar a partir do coração. Eu não só contemplava, eu pude fazer, pôr a mão na massa, experimentar na prática. Foi um envolvimento de todo o SER, corpo, alma e mente em uma cultura diferente cheia de dores e alegrias.

Assim, não é surpresa que tanto o choro quanto o riso vinham fáceis. Era um exercício diário de vulnerabilidade e entrega, seja pela necessidade de se adaptar rapidamente a uma vida em grupo, seja pela dor em perceber a ferida do outro, seja pelo prazer em desfrutar sabores e lugares especiais. E ser vulnerável exige coragem, coragem em se mostrar quem verdadeiramente se é, mesmo para um grupo pioneiro que decidiu embarcar em uma aventura do outro lado do oceano; coragem sempre é um desafio.

E por meio da vulnerabilidade, esse desnudar a alma para o outro fez o grupo se conectar e ficar ainda mais forte e unido com o passar dos dias. Nas conversas em roda que fizemos *em alguns momentos, ficou nítido que percebemos o quanto o outro pensa diferente de mim, o quanto outro sente diferente de mim e ainda assim consigo me conectar com ele, porque, nisso tudo, percebo **nossa** humanidade.*

Eu poderia descrever aqui toda a beleza das cidades pelas quais passamos, todos os sabores que experimentamos, as fragilidades e injustiças que percebemos, mas não, isso a maioria das viagens tem. O que quero ressaltar é que o impulso de vivenciar isso tudo, em grupo e dessa forma que descrevi acima, foi semeado internamente na maioria dos participantes: a vontade de reolhar para o mundo e a partir de mim, de quem eu sou, contribuir para que o outro viva melhor.

E mais, a jornada na África começou e terminou lindamente. Mas acredito que, em cada um dos envolvidos, outra jornada emergiu: a busca por seu lugar autêntico na vida e em suas relações. Essa sim, nenhuma outra viagem supera."

Débora Gaudêncio

ACP e África do Sul

Durante a experiência sul-africana, descobrimos que a África do Sul é um terreno fértil para a prática da Abordagem Centrada na Pessoa. Primeiro, porque estar diante de uma sociedade com tantos contrastes nos leva a refletir profundamente sobre a humanidade e sobre nosso papel na sociedade. Diante de tanta reflexão, nossa atualização proveniente da "tendência atualizante" preconizada por Carl Rogers tende a se agilizar, quase como um tratamento de choque, um vai ou racha, uma clara visão depois de sair de um estado de cegueira. Não há como passar incólume pela convivência com pessoas (não brancas) tão afetuosas, apesar de ainda serem privadas de uma vida tão digna quanto a dos brancos. O *Apartheid* acabou em 1994, mas ainda assim as nomenclaturas que definem quem é quem está viva, em cada esquina. Há os brancos e os não brancos (negros, *coloureds* e *others*).

Partindo dos três princípios da ACP, não é difícil pensar em como a aceitação incondicional positiva, a empatia e a congruência podem mudar as relações daquela sociedade. Em *Robben Island*, por exemplo, o presídio que encarcerou presos políticos do *Apartheid* está praticamente intacto, tornou-se um museu para que todos possam visitar e entender a dor de quem lutou pelo direito de simplesmente "ser o que é". O museu está lá para que o mundo saiba o quanto é devastador privar a liberdade de o outro ser o que é. Nesse caso, negros políticos.

Entrar no presídio/museu e ouvir as histórias contadas por um ex-presidiário é uma lição sobre a importância e a necessidade de respeitar o próximo, aceitando-o incondicionalmente e sendo empático com o contexto dele, com a forma com que ele se enxerga e se sente. Também é uma lição sobre ser congruente, expondo-se, genuinamente, nas relações interpessoais. A visita à *Robben Island* é só um dos exemplos de lugares na África do Sul de onde é possível trazer muitos aprendizados na bagagem. Não é por acaso que esta é uma jornada transformadora.

Uma grande provocação que fica é como ser ACP com os opressores? Já que o contrário é naturalmente mais fácil, quando somos expostos a uma experiência como a vivida com o carcereiro de *Robben Island* e a Sra. Ruth, no Distrito 6.

> "De tudo o que ficou
> Muito ainda a vir
> Descobrir, transformar, florescer.
> A certeza do sempre Devir
> Vir a ser
> Ser a vir
> A beleza do chorar
> Desejo de sentir

> *Deixar o que for brotar*
> *Vontade de estar*
> *Presente no presente*
> *De estar com*
> *De estar em*
> *Decisão de perdoar*
> *Cocriar*
> *Agradecer"*
>
> Regina Leite, poema escrito após viver a primeira jornada da Syntese para a África do Sul, em novembro de 2017.

Nova Zelândia: Próximo Destino

> *"Vivemos uma revolução exponencial tecnológica, está na hora de vivermos*
> *uma revolução exponencial*
> *nas relações humanas."*
>
> Sandra Chemin

A viagem à África do Sul me possibilitou mais uma conexão com o hemisfério sul, desta vez, na Nova Zelândia. Shimahara fez o grande favor de me apresentar à Sandra Chemin. Brasileira e empreendedora, ela vive há alguns anos na Nova Zelândia. Sandra tem uma história de vida digna que já rendeu dois TEDx. É só colocar o nome dela no Google para encontrar os vídeos. Só para resumir, ela chegou ao outro lado do mundo a bordo de um veleiro, com seu marido e duas filhas. Ao longo da viagem do Brasil para a Nova Zelândia, ajudou a fundar uma escola Waldorf, em Parati/RJ, e conheceu mais de 30 países.

O capítulo Nova Zelândia para a Syntese está apenas começando. Não tenho dúvidas de que é outro país do hemisfério sul rico em possibilidades. Para se ter uma ideia, o país concede o visto *Global Impact Visa* para empreendedores que tenham como propósito ajudar a repensar e consertar as coisas "quebradas" do mundo. A Nova Zelândia já é apelidada como o Vale do Silício do Propósito. Além disso, o governo federal neozelandês escreveu o seu propósito como Nação.

Esse *cluster* de inovação diferenciado é simbolizado pela rede *Enspiral*, nascida do encontro de empreendedores digitais e ativistas. Trata-se de uma rede global com mais de 250 profissionais cujo propósito é aumentar o número de pessoas trabalhando naquilo que realmente importa. Nos últimos sete anos, a *Enspiral* fundou 15 *startups* que combinam práticas sociais com tecnologia de ponta para criar uma cultura participativa no mundo. Sandra, na Nova Zelândia, e Shimahara, na África do Sul, fazem parte dessa incrível rede.

Claro que já estamos estruturando uma jornada para a terra que acolheu Sandra. Grupos de profissionais interessados em beber dessa fonte poderão se juntar à Syntese e ver isso tudo de perto.

Brasil, África do Sul e Nova Zelândia. Três países. Três perspectivas. Muita diversidade. Muitas oportunidades para empresas, escolas, universidades, empresários e facilitadores. É no hemisfério sul do planeta que estão surgindo as práticas mais colaborativas, os modelos descentralizados de gestão e os negócios orientados por propósito.

O Aquário Humano e os Seus Recursos

No aquário corporativo, há um espaço reservado para uma área denominada Recursos Humanos, responsável pelos peixes e mecanismos que os mantêm vivos e motivados. Essa área é responsável por criar sistemas que tornam o aquário corporativo límpido e navegável. Contudo, muitos RHs utilizam formas um tanto obsoletas para a gestão dos recursos que habitam esse ambiente. Essa área acredita que pode tornar o aquário melhor quando oferece ração de qualidade, plantas novas, troca a bombinha de oxigênio, passa escovão nos vidros do aquário, faz festinhas regadas à água com gás e convida sábios peixes para contarem suas peripécias em outros mares e darem dicas de sobrevivência no estilo BOPE marinho.

Tenho observado ao longo dos últimos 20 anos RHs que pensam nas soluções para o aquário corporativo apenas sob sua perspectiva, sem escutar os maiores interessados nos caminhos que serão propostos. Muitas vezes, quando os peixes grandes e/ou pequenos são ouvidos, as conversas são enviesadas, privilegiando o comodismo, a praticidade das soluções e não a melhoria da qualidade da água em que todos nadam dia após dia. Constantemente, os RHs tratam as queixas dos peixes e não de fato o problema. Nadam em águas rasas, porque é preciso ter coragem para se aventurar nas águas profundas e buscar a causa da baixa qualidade da água e das condições em que os peixões e peixinhos vivem, gerenciam e são gerenciados, em cada área do aquário corporativo.

Recentemente, fui a uma empresa, um belo e imponente aquário. Caminhei por longos corredores até chegar à caverna onde o RH estava escondido. Lá, uma senhora com braços fortes e olhar apagado encontrava-se sentada atrás de uma mesa de fórmica cor creme. Sua primeira pergunta foi: "Vocês conseguiram achar a minha sala? Viu como nos tratam aqui?". Tive a sensação que o trabalho ali não seria muito fácil.

Após quase uma hora de monólogo, era impossível não perceber que aquele RH estava muito distante de entender a realidade local e, de fato, ser reconhecido como uma área estratégica, colocando-se ao lado dos problemas da organização e apoiando no assunto que é sua especialidade: gente. Contudo, a sensação é que esse e outros tantos RHs que conheço fecham-se para si, não fazendo um profundo exercício de compreensão daquilo que poderiam representar para os negócios. Preferem apontar dedos às demais áreas a olhar para dentro das suas fronteiras. Muitas vezes, focam suas ações nas queixas e não nos reais problemas do Aquário.

Por sorte, há exceções, com peixes nos RHs que adoram as zonas abissais, mergulhando nas causas e não nos sintomas. Nós, aqui da Syntese, conhecemos ações relevantes e facilitadores competentes que podem apoiar o aquário corporativo na criação de espaços de aprendizagem que beneficiem toda a fauna e flora aquática.

Conhecemos também empresas que já adotam práticas que unificam as necessidades da companhia aos anseios dos funcionários, fazendo com que o ambiente da organização seja propício à colaboração e ao engajamento do time. Vamos conhecer algumas dessas empresas:

Administrar Caminhando

Uma ação que vale destacar é a de um dos maiores hotéis do Brasil. A Syntese, durante alguns anos, atuou na formação de lideranças de um importante hotel de São Paulo, localizado no Parque Anhembi. O hotel, com mais de 730 apartamentos, tem como gerente geral Flávio Andrade. Ele tem uma história de vida comovente. Nascido na Cidade de Deus, no Rio de Janeiro/RJ, é filho de mãe solteira, perdeu muitos amigos jovens, alvos da violência. Trilhou uma trajetória profissional de respeito, começando como lavador de pratos e hoje sendo o gerente geral do maior hotel do Brasil. Um ser único. Admirável. Ele trabalha na mesma empresa a vida toda e já atuou em diversos países do mundo: República Dominicana, Guatemala, Nicarágua, Estados Unidos, Brasil etc.

Não é difícil imaginar que ser o gestor desse grande hotel é uma tarefa para os fortes. Há pressão por todos os lados, acionistas nacionais e globais, equipes e clientes. Para manter tudo funcionando, num negócio onde o coração são as pessoas, desenvolvê-las é tarefa essencial. O seu Flávio, como carinhosamente é chamado, sempre diz: "Atuo e também desenvolvo líderes para atuarem como *coaches*. Ou seja, no lugar de uma resposta, fazemos perguntas. Só assim ajudaremos as pessoas a se desenvolverem".

Há uma nomenclatura utilizada no hotel e praticada pela maioria dos líderes: é o que eles chamam de "Administrar Caminhando". Os gestores e, principalmente, o gerente geral, caminham por todas as áreas operacionais e administrativas do hotel, garantindo, assim, apoio e *feedback* constante. Flávio também diz que o RH é o setor mais importante da empresa, à medida que a área apoia as pessoas, oferecendo ferramentas e divulgando os resultados da companhia por todas as paredes internas do hotel. Qualquer um pode acessar desde os números da sustentabilidade até os indicadores financeiros. "Transparência é a palavra de ordem", afirma Flávio.

Cocriação do Programa de Líderes

Esse projeto começou em 2016 e foi desenvolvido em conjunto com o terceiro maior frigorífico do Brasil. Para ele acontecer, tivemos de participar de uma concorrência que tinha como objetivo selecionar uma empresa de treinamento para facilitar um programa chamado Escola de Líderes.

Assim, nós e as demais empresas visitamos algumas unidades produtivas e tivemos contato com o processo de desmonte de um boi. O animal abatido entra inteiro na indústria e horas depois está em dezenas de pedaços prontos para o consumo no mercado interno e externo.

Um fato curioso aconteceu durante uma dessas visitas. Estávamos com o pessoal do RH e as demais consultorias visitando as instalações. Até que chegamos à "bucharia", onde os trabalhadores manipulam o bucho do boi, aquele que muitos utilizam para fazer a famigerada dobradinha. Para quem não sabe, o bucho é o estômago do animal e dentro dele encontra-se aquilo que o bicho rumina, capim. Pois bem, quando chegamos à porta desse lugar, fomos orientados a colocar máscaras, já que o odor não era dos melhores. Estranhei o pedido, já que havia trabalhadores no recinto, sem máscara. Então, comuniquei ao RH que eu não colocaria a máscara, muito menos a facilitadora que me acompanhava. Todos ficaram incrédulos. Afinal, o lugar não era nada aprazível.

Eu e a facilitadora entramos na área, o que para o RH não era um movimento necessário, visto que ali não havia líderes, apenas membros da equipe. Fiquei pensando: como farei um diagnóstico sobre líderes sem ouvir os liderados? Insisti e entramos. Sem máscaras. Conversei com um homem, chamado Antônio, que trabalhava naquela área há três anos, cortando os buchos ao meio e limpando-os. Ele disse que gostava daquele trabalho, mesmo dizendo que tinha medo de se machucar. Para mim, foi a prática plena das posturas facilitadoras ACP, porque naquela rápida conversa houve empatia, aceitação incondicional positiva e congruência de ambas as partes.

Dias depois, lembrei-me de uma cena do filme *Patch Adams, O Amor é Contagioso* (1998). Na cena, um médico e um grupo de estudantes reúnem-se em torno de uma paciente e ele começa a descrever as doenças daquela assustada mulher. Os alunos, aparentemente pouco empáticos, fazem perguntas técnicas. O médico chega a anunciar uma possível amputação da perna da mulher. Até que Patch pergunta: "Qual é o seu nome?". E reforça: "Eu apenas gostaria de saber qual é o nome dela". O médico, então, observa a ficha e diz: "Margery". Patch cumprimenta a paciente e ela sorri.

Tempos depois, quando já estávamos atuando na Escola de Líderes do frigorífico, uma profissional do RH me confessou que aquele meu gesto na "bucharia" foi decisivo para vencermos a concorrência.

Facilitamos o primeiro ano do programa de um jeito mais próximo do convencional e, quando começamos a discutir o segundo ano do projeto, a ACP já estava nas entranhas da Syntese. Isso gerou um movimento diferente para a construção do segundo ano da Escola de Líderes. Soma-se a isso o fato de o RH estar 100% renovado, ou seja, todas as pessoas do primeiro ciclo tinham saído da empresa por diferentes razões. Assim, sentamos com os profissionais recém-chegados à área de RH, ouvimos o que eles queriam e propusemos construir juntos o programa. Cocriar.

Havia uma demanda do negócio relacionada a processos e que seria conduzida por uma equipe interna. Paralelamente, existia a necessidade de desenvolver um treinamento comportamental. Assim, o RH, os instrutores da empresa e o time Syntese sentaram juntos para unir todas as necessidades num único programa. O mais incrível foi a sinergia entre todos no processo e a construção de um programa totalmente alinhado às lideranças do negócio. Além disso, tudo aquilo que era técnico e foi conduzido pelos instrutores locais recebeu a ACP como ingrediente especial. O resultado, até o momento (o programa ainda está em curso), é um programa mais significativo para os participantes, apontando neste instante para excelentes resultados, como o nível de comprometimento, a diminuição do retrabalho e a compreensão do papel de gestor.

Não tenho dúvidas do potencial de um programa quando RH e consultoria resolvem cocriar. E isso tudo pode ser muito mais leve, se associado ao jeito ACP.

Como encerramento da primeira etapa desse programa no frigorífico, em 2016, houve uma espécie de formatura. Reproduzo, abaixo, o discurso da oradora Marcela Moura, coordenadora da área de *Business Intelligence*, à época, e que representava os participantes nessa fala.

"Neste dia de encerramento da Escola de Líderes, posso dizer, com toda a segurança (e apoio dos meus colegas), que não estamos aqui para a comemoração de uma etapa cumprida ou para celebrar mais um curso finalizado. A sensação é muito maior. Hoje, podemos dizer que com as vivências que tivemos oportunidade

de experimentar somos pessoas diferentes. Pessoas que, mais que aprender a liderar, aprenderam a se conhecer. E, conhecendo-se, aprenderam a se colocar no lugar do outro, enxergar pelo olhar do outro e confiar nele. Liderar é isso. Liderar é motivar pessoas. Colocá-las juntas na mesma missão, uma parceria.

Durante todos os nossos encontros, tivemos experiências que nos abriram horizontes, nos lembraram dos nossos desafios diários, das temidas 'metas' e 'rotinas' (que devem ser cumpridas e seguidas, faça chuva ou sol), mas que nos mostraram uma nova forma de agir.

Aprendemos algumas siglas estranhas, como GUT (matriz da Gravidade, Urgência e Tendência), pipeline, feedback, que passadas a limpo são, na verdade, poderosos instrumentos na melhoria da tomada de decisão, na avaliação de importâncias, no relacionamento interpessoal, na obtenção de resultados.

Passamos também por alguns jogos que, a princípio inofensivos, mostraram-se bem competitivos e desafiadores, provocando até algumas demissões... e, ao final, foram excelentes lições de como fazemos as coisas e como elas poderiam ser feitas.

Aprendemos a nos colocar no lugar das nossas lideranças e sentimos quão difícil é estar na pele deles e quão difícil é ser racional num momento de pressão e emoção.

Entendemos que, se há uma coisa muito importante nessa história de liderança, essa coisa é a comunicação. Não somente o ato de falar e ser ouvido, mas sim, e mais importante, ser entendido! Como isso é complicado e necessário para o desenvolvimento pleno da equipe e da empresa.

Aprendemos que precisamos conhecer melhor o outro para tirar dele seu melhor potencial, entendendo qual 'instrumento musical' é a sua cara para que ele se afine à orquestra na sinfonia maluca que precisamos tocar dia a dia, sempre com aprimoramentos.

Falando em orquestra do processo, como foi importante conhecer cada área da empresa, as dificuldades e méritos de cada um em sua área, quais atitudes que cada um estava adotando na prática diária, quais inovações que cada um promovia após cada encontro.

Se tivéssemos apenas alguns minutos (como teve o comandante do Rio Hudson) para decidir qual foi o resumo desses meses, diria, sem pestanejar, que se abriu um mundo novo em cada um. Mudamos e amadurecemos a nossa forma de pensar, de analisar, de nos relacionarmos. Crescemos no quesito liderança, interação com pessoas, resolução de conflitos, tomada de decisão. E agora que essa semente foi plantada, queremos mais!

Obrigado RH! Obrigado empresa! Gostaríamos que sentissem o quanto foi importante essa oportunidade. E quanto gás vocês nos deram agora.

Valeu Alê! Já que você não gosta de ser chamado de professor ou instrutor, digamos que você foi um veículo da mudança, da virada, da abertura desse novo mundo. Por último, não posso deixar de agradecer aos meus colegas de empresa e parceiros de grupo. Foi a experiência, a dúvida e a conquista de cada um que coroou tudo aquilo que vivemos, tudo aquilo que nos tornamos."

UniBrad, Um Oceano de Possibilidades

A UniBrad, Universidade Corporativa Bradesco, é cliente Syntese há mais de sete anos. Essa parceria foi ganhando corpo até que a Unibrad decidiu, no segundo semestre de 2017, promover o curso de formação de facilitadores da Syntese *in company*, com o propósito de sistematizar o jeito ACP internamente. Digo sistematizar, porque a UniBrad, desde sua inauguração, em maio de 2013, tem como missão, além de capacitar e desenvolver os cerca de 90 mil funcionários do banco, estabelecer um ambiente de autonomia para que possam construir a própria trilha de aprendizagem.

São os funcionários que conduzem o processo de desenvolvimento da própria carreira, escolhendo as soluções que a UniBrad oferece por meio das suas dez escolas que abrangem todos os direcionadores estratégicos da empresa. As dez escolas são *marketshare*, base de clientes, retenção, satisfação dos clientes, sustentabilidade, pessoas, eficiência, risco e qualidade nos processos, tecnologia, sinergia e qualidade da gestão.

"O propósito da universidade é desenvolver competências individuais, inspirar lideranças e estimular o protagonismo em todas as esferas da organização", disse Glaucimar Peticov, diretora de Recursos Humanos, na ocasião do evento do Prêmio *Learning & Performance* Brasil 2016/2017, que reconheceu o Bradesco como um dos 15 projetos que se destacaram no setor "Financeiro — Privado".

Quem está à frente da UniBrad é a gerente de Educação Corporativa Elka Juttel. Ela, que gentilmente concedeu uma entrevista para este livro, explica que a criação da universidade foi um processo natural, já que o Bradesco é um banco de carreira. "Historicamente, as pessoas ingressam no banco ainda jovens e constroem a carreira aqui dentro", conta Elka, que trabalha na empresa há 28 anos.

A capacitação dos funcionários é estratégica, na medida em que a própria instituição forma todo o time, de escriturários e caixas a gerentes e diretores. O que poderia ser um trabalho de desenvolvimento humano convencional acabou ganhando contornos inovadores na UniBrad, que tem hoje a facilitação ACP como uma das suas referências. Muitos elementos demonstram como a cultura do banco se fortalece com base na confiança e dissemina-se para a essência da universidade corporativa.

A começar pelo longo tempo de permanência de milhares de funcionários na instituição. Em todos com os quais tive contato até hoje — foram centenas — o orgulho de pertencer é visível. Afinal, eles confiam ao Bradesco sua trajetória e seu desenvolvimento profissional. Em troca, recebem a oportunidade de aprimorar conhecimentos, possuem autonomia para assumirem suas respectivas funções como donos do negócio e crescerem na carreira. Um gerente de agência, por exemplo, é o líder de uma unidade de negócio. É ele quem orquestra todos os processos, regras, procedimentos e gestão de pessoas para que aquela operação seja eficiente e sustentável, gerando, assim, oportunidade de crescimento para mais funcionários.

Chegar ao cargo de liderança é a consagração de uma trajetória de sucesso no banco. Para o funcionário, é a prova de que a instituição confia na capacidade de o profissional chegar mais longe e entregar o seu melhor. É assim que o banco empodera seu time, fazendo com que cada integrante sinta orgulho de representar uma das instituições financeiras mais sólidas do país. Forma-se, então, um ciclo virtuoso que fomenta a cultura e o "jeito de ser" do Bradesco.

Elka conta que todo funcionário que assume pela primeira vez um cargo de gestor passa por um treinamento de 15 dias na sede do banco, na Cidade de Deus, em Osasco/SP. O encerramento desse treinamento se dá com uma visita ao salão onde ficam o presidente do Bradesco, Luiz Carlos Trabuco, e os conselheiros. Conforme explica Elka, os funcionários têm muita curiosidade de conhecer os principais executivos e o local onde eles trabalham. São pessoas que vêm de todos os cantos do Brasil. Para elas, ter essa vivência e poder cumprimentar o presidente é um grande reconhecimento da sua trajetória na empresa. É como um prêmio. Para o banco, é uma forma de expressar, justamente, a confiança depositada naquele funcionário que está prestes a assumir o papel de dono de uma unidade de negócio (agência ou posto de atendimento).

Ela lembra que, recentemente, uma funcionária, quando foi cumprimentar o presidente, emocionou-se e agradeceu a oportunidade de ter feito carreira no banco. "Nesses momentos, percebemos como a questão da confiança é genuína no Bradesco e faz com que as pessoas, de fato, sintam-se parte e queiram retribuir com o melhor trabalho que podem fazer", avalia Elka, que se emocionou ao contar essa história.

Osvaldo Nogueira, gerente na UniBrad e que também teve a gentileza de conversar com a Syntese para este livro, contou outra situação na qual uma funcionária fez um repente (poema cantado e improvisado) para os executivos, durante a cerimônia de encerramento do treinamento de gestores. O mais inusitado foi que o presidente respondeu à nova gerente com outro repente. "A simplicidade dos executivos é uma característica do Bradesco e é muito valorizada dentro da organização", ressalta Nogueira.

Acredito que a simplicidade seja a base de sustentação da relação entre a Syntese e o Bradesco. Como já expus aqui, minha formação é na agricultura, na roça, com gente simples. A Syntese nasceu para atuar no agronegócio. Apesar de hoje não estar voltada exclusivamente para esse setor, a consultoria jamais perdeu essa essência. No Bradesco — fundado em Marília, interior paulista, em 1943 — eu encontro valores intrínsecos à vida interiorana na qual as relações têm laços mais fortes, o que vem de casa é valorizado, a escuta ativa, a colaboração e o acolhimento estão sempre presentes.

Estas são características que tornam o ambiente propício à postura facilitadora proposta pela Abordagem Centrada na Pessoa. Não é por outro motivo que o "jeito Bradesco" e o "jeito Syntese" conversam plenamente. Por isso, quando os gestores da UniBrad conheceram a facilitação por meio da ACP, logo se interessaram em saber mais. O primeiro membro da UniBrad a ter contato com o nosso "jeito", vivendo a formação que acontece na Syntese, foi o Anderson de Carvalho. Ao participar do curso de facilitadores da Syntese no primeiro semestre de 2017, ele percebeu que a facilitação ACP fazia todo sentido para o Bradesco e, então, construiu a ponte entre nós e o banco.

Numa instituição onde o funcionário traça a própria trilha de aprendizagem e é estimulado a ser protagonista do seu desenvolvimento e da sua carreira, a ACP já está presente. "Esse valor (de autonomia/empoderamento dos funcionários) já existia dentro da UniBrad. O que fizemos, a partir da parceria com a Syntese, foi estruturar com teorias e ferramentas", esclarece Elka.

Hoje, seu objetivo profissional é tornar a UniBrad referência na formação de líderes, aprimorando competências humanas e estratégicas de cada um dos milhares de profissionais que passam pela universidade corporativa — semanalmente, de 3.000 a 3.500 funcionários do Bradesco passam pelas soluções de aprendizagem presenciais da UniBrad. "Meu sonho é que a UniBrad seja reconhecida pelos funcionários como a escola que contribuiu para a carreira deles", confessa. Outro grande desejo, que já começa a virar um movimento da UniBrad, é abrir suas portas para oferecer soluções ao mercado. Isso ampliaria sua atuação e apoiaria muitas empresas e pessoas em vários lugares do Brasil.

Não há dúvida de que ela — e seu time de mais de 200 colaboradores — está no caminho certo. No início de 2017, a UniBrad foi eleita a melhor universidade corporativa do mundo pelo GlobalCCU, Conselho Global de Universidades Corporativas. A premiação reconhece, a cada dois anos, as melhores práticas e programas de educação corporativa mundialmente.

A notícia do prêmio gerou uma comoção generalizada em todo o time da UniBrad e da Syntese, que se orgulha de poder contribuir com as práticas inovadoras da melhor universidade corporativa do mundo.

Capítulo 4

~*~*~

O Oceano da Facilitação
Vivendo a Incerteza da Descoberta

> *"A minha esperança é tornar-me, gradualmente, tão participante no grupo como facilitador."*
>
> Carl Rogers

O processo de facilitação chegou à Syntese no início de 2015. Na verdade, ele já fazia parte da minha vida desde sempre, mas não tinha esse nome, também não sei qual nome tinha. Acredito que o jeito Syntese de aplicar treinamentos corporativos seja um pouco diferente daquilo que a literatura comumente traz, talvez pelo fato de a nossa origem ser na agricultura, na roça. A necessidade de lidar com pessoas que constroem relações de forma mais simples, sem o viés do mundo empresarial, fez com que fortalecêssemos competências, como flexibilidade e escuta. Já tive de dar treinamento para pessoas analfabetas e até debaixo de árvore.

A facilitação é um processo de ajuda, no qual o facilitador cria condições para que os participantes do processo de treinamento possam ser eles mesmos. No livro *Liberdade para Aprender*, Carl Rogers afirma: "Vejo a facilitação da aprendizagem como o fim da educação, o modo pelo qual desenvolvemos o homem entregue ao estudo, o modo pelo qual podemos viver como pessoas em processo. Vejo-a como a função capaz de sustentar respostas construtivas, experimentadas, mutáveis, em processo (...)".

A facilitação pela Abordagem Centrada na Pessoa pressupõe que essa pessoa seja o participante do treinamento, e não o facilitador. Sempre há um grande risco de o facilitador apaixonar-se pela própria voz. Nesse caso, não haverá facilitação, tampouco facilitador.

No mesmo livro, Rogers faz uma afirmação que talvez nos ajude nessa reflexão sobre a facilitação ACP. Ele diz o seguinte: "Fui me dando conta de que não posso oferecer ajuda a uma pessoa por meio de qualquer procedimento intelectual ou treinamento. Nenhuma abordagem que se baseie no conhecimento, no treinamento, na aceitação de algo que é ensinado, mostra-se útil. Essas abordagens se mostram tão tentadoras e diretas que, no passado, fiz uso de muitas delas. É possível explicar uma pessoa a si mesma, prescrever passos que devem conduzi-la para frente, treiná-las em conhecimentos sobre o modo de vida mais satisfatório. Porém, tais métodos se mostram, em minha experiência, fúteis e inconsequentes. O máximo que podem alcançar é alguma mudança temporária, que logo desaparece, deixando o indivíduo mais do que nunca convencido da sua inadequação". E ele complementa: "O fracasso de quaisquer dessas abordagens através do intelecto me forçou a reconhecer que a mudança parece surgir por meio da experiência em uma relação".

A minha perspectiva corrobora com a visão do mestre Rogers. Acredito que o foco no conteúdo, muitas vezes, distancia o participante do processo de aprendizagem, diminuindo seu interesse e fortalecendo o seu sentimento do "não sei", "não sou capaz", "não está aderente à realidade". Assim, a premissa da facilitação ACP pode ser um caminho de ajuda, à medida que o processo é construído com base nas experiências do grupo. Vale lembrar que o **facilitador faz parte do grupo** e, portanto, sua história é sempre bem-vinda.

Cabe, então, ao grupo eleger o que é desenvolvimento ou não. Desenvolvimento é encher a lousa de matéria? Alguns pensam que sim. Lembro que o professor José Pacheco, quando esteve na Syntese para uma fascinante palestra, disse, entre tantas coisas, que após mais de dez anos de escola (ensino médio e fundamental), o que fica na memória é, no máximo, o conteúdo equivalente a um ano e meio de trajetória escolar. E o resto? É resto. O mestre Rubem Alves dizia que conhecimento é tudo aquilo que fica após o esquecimento fazer o seu papel.

Outro dia, entrei de gaiato num treinamento conduzido por outra empresa. Fiquei assustado. Primeiro, era um volume interminável de *slides*, contendo tudo aquilo que, na visão do consultor, o grupo tinha de saber. Talvez ele tenha tido tal atitude norteado pelo aquário local, não sei. Além disso, o material era repleto de dicas. Havia dica para tudo: "cinco passos para liderar com sucesso", "cinco passos para gerenciar o tempo de forma eficaz", "dez dicas infalíveis para gestão de pessoas" e a ladainha seguia em ritmo acelerado.

Fiquei pensando: "Será que este consultor já trabalhou nesta empresa? Já sentou nas cadeiras deste lugar? Por que ele não constrói com o grupo estes tais passos? Por que traz para o colo dele aquilo que pode ser papel do grupo? Será que responder a tudo e todos dá a ele a doce sensação do poder do EU SEI?". Guardei esses pensamentos para mim e, agora, para este livro.

Talvez esse consultor — e outros que gostem desse estilo — seja excelente profissional e até bom professor. Acredito que a opção de apresentar o simples conhecimento dos fatos tenha o seu valor. Mas quando ele é mais importante que as pessoas, fico preocupado, por vezes triste. E isso acontece no processo porque, na maioria das vezes, a vontade e o ego do consultor estão acima do grupo.

Paulo Freire, a maior referência da educação brasileira, no meu ponto de vista, faz uma reflexão que acredito caber aqui. Ele diz: "(...)

o homem é concebido não como objeto, mas como sujeito da ação educativa e é fundamental a participação dos sujeitos no processo de problematização da realidade e da ação". E ele continua: "A tomada de consciência se dá não de forma isolada, mas através das relações que os homens estabelecem entre si, mediados pelo mundo".

Há uma fala de Carl Rogers que ajuda a fortalecer ainda mais a discussão do parágrafo acima. A sentença se refere ao papel do facilitador: "Creio que a maneira como sirvo de facilitador é importante na vida do grupo, mas o processo de grupo é muito mais importante do que as minhas afirmações ou o meu comportamento e desenrolar-se-á se não contrariar. Tenho a certeza de que me sinto responsável **para com** os participantes, e não **por** eles".

Recentemente, vivi outra experiência observando um facilitador da Syntese em sala de treinamento. Num determinado momento, ele sugeriu que o grupo fizesse uma roda e propôs que os participantes se apresentassem. Ansioso, o facilitador começou por ele a apresentação. A seguir, propôs que o participante do seu lado esquerdo fizesse o mesmo e assim por diante. Já no intervalo, sentei-me com o facilitador e perguntei: "Todos os participantes deveriam mesmo se apresentar? Não seria interessante fazer esse acordo com o grupo, evitando ser tão diretivo, determinando, inclusive, a ordem da roda?". E ele respondeu: "É a força do hábito. Melhor que eu defina o caminho. Mas prometo me esforçar para a próxima roda". Lembrei-me nesse momento do documentário *Educação Proibida,* de 2012. Em determinado instante, um entrevistado do filme comenta: "Muitas vezes, ensinar vira simplesmente um processo de reprodução simbólico".

Será que temos de trazer para nossa mão tudo e todos? Por que há grande dificuldade em acreditar e confiar na autorregulação do grupo? Por que temos de tornar o processo diretivo? Sinto, muitas vezes, que buscamos ouvir do participante a palavra, a frase, o pensamento que nós acreditamos como válido. Quando isso não acontece, vejo conexões forçadas, tudo para dirigir o grupo para aquilo que o consultor julga como importante.

Talvez, essas questões não façam sentido para você, leitor e leitora. Porém, elas são fruto de questionamentos que me faço há muito tempo. Uma questão chave que sugiro para o facilitador é refletir sobre como facilitar condições para que a aprendizagem seja significativa. Na minha visão, não é pelo controle que isso se dá. Por exemplo, os recursos utilizados em sala de aula são definidos pela perspectiva do facilitador e dos demandantes das empresas, quando poderiam ser tema discutido com os alunos.

Algumas vezes, queremos que os participantes leiam textos, vejam filmes, preparem-se antes. Mas por que não ousar (se é que isso seja ousadia)? Por que não trazer todo esse "arsenal" de informações para a sala e permitir que o grupo escolha aquilo que interessa para a sua atuação? Por que a consultoria ou os RHs, que muitas vezes estão distantes do dia a dia do funcionário, devem definir o que os participantes devem fazer, sendo que são eles que estarão na sala de aula e, sem dúvida, sabem aquilo que é útil para a sua realidade?

Rogers diz que "a aprendizagem significativa verifica-se quando o estudante percebe que a matéria a estudar se relaciona com seus próprios objetivos". E ele complementa falando como podemos fazer isso: "É por meio de atos que se adquire aprendizagem significativa. Um dos modos mais eficazes de promover a aprendizagem consiste em colocar o estudante em confronto experiencial direto com problemas práticos (...), ou seja, a aprendizagem é facilitada quando o aluno participa responsavelmente do processo, escolhendo suas próprias direções (...)".

> *"Não há ensino-e-aprendizagem*
> *fora da procura,*
> *da boniteza e da alegria."*
>
> Paulo Freire

Rogers, no seu livro *Grupos de Encontro*, faz algumas reflexões sobre o contexto filosófico e as atitudes do facilitador: "Criado um clima de suficiente facilitação, confio no grupo para desenvolver as suas próprias potencialidades e as dos seus membros. Para mim, essa capacidade do grupo é uma coisa fantástica. Talvez, como corolário disso, desenvolvi, gradualmente, uma grande confiança no processo de grupo. É, na verdade, semelhante à confiança que consegui ter no processo de terapia do indivíduo, quando era facilitada em vez de ser dirigida. Um grupo, para mim, é semelhante a um organismo, possuindo o sentido da sua própria direção, ainda que não possa definir intelectualmente essa direção. Isso me recorda um filme médico que, há tempos, causou-me uma profunda impressão. Era um fotomicrofilme que mostrava os glóbulos brancos do sangue movendo-se inteiramente ao acaso na corrente sanguínea, até que apareceu uma bactéria patogênica. Então, de uma maneira que só podia ser descrita como propositada, dirigiram-se para ela. Rodearam-na e, gradualmente, cercaram-na e destruíram-na. Depois, voltaram para o seu caminho, ao acaso. De igual modo, segundo me parece, o grupo reconhece no seu processo os elementos não saudáveis, centra-se neles, filtra-os ou os elimina, e continua, tornando-se um grupo mais saudável. É esta a minha maneira de dizer que vi 'a sabedoria do organismo', manifestada em todos os níveis, desde a célula até o grupo".

Recentemente, vivi uma experiência onde o organismo vivo organizou-se num treinamento. Eu estava em Barretos/SP, em um grande frigorífico. Já estávamos no terceiro ou quarto encontro do programa de lideranças que acontecia todo mês. No dia do treinamento, acordei passando muito mal, febre alta, dores no corpo e mal-estar; era impossível facilitar aquele encontro. Todos estavam na sala de aula, ávidos por mais um momento de aprendizagem coletiva. Fiz a abertura, começamos a conversar, mas eu não tinha condições de continuar. Contei para o grupo aquilo que era visível e como me sentia. Um dos participantes fez a proposta para me levar ao hospital e os demais disseram: "Nós já sabemos o tema — Processos — e podemos conduzir a conversa tranquilamente. Alguém do grupo pode até assumir o seu papel". O resultado dessa história é que o grupo encontrou caminhos para se autorregular e organizar, como os glóbulos brancos. E, segundo eles, foi o melhor treinamento, *feito com as próprias mãos*. Quanto a mim, os glóbulos brancos tinham resolvido debandar, assombrados pelo vírus da dengue.

> *"Nunca duvide que um pequeno grupo*
> *de cidadãos, prestativos e responsáveis,*
> *possa mudar o mundo.*
> *Na verdade, é assim que*
> *tem acontecido sempre."*
>
> Margaret Mead, antropóloga cultural norte-americana.

Sol Verde

> *"Dance bem*
> *Dance mal*
> *Dance sem parar*
> *Dance bem*
> *Dance até*
> *Sem saber dançar"*
>
> Música *Dancin Days* de Nelson Motta e Rubens Queiroz, eternizada na voz do grupo *As Frenéticas*

Há uma linda história que ouvi outro dia num TEDx com *Sir* Ken Robinson sobre educação. Em um desses TEDx, ele cita uma menina de quatro anos de idade que estava desenhando, quando sua professora pergunta: "O que é isto?". A menina diz: "É Deus". A professora, inconformada (provavelmente presa aos seus paradigmas), responde: "Mas nunca ninguém viu Deus". Daí, a menina com a sabedoria das crianças, aquela que aniquilamos ao longo da vida, responde: "Então espere eu acabar meu desenho". Toda vez que penso nessa história, lembro-me da nossa capacidade como professores de matar o potencial criativo do grupo. Sustentamos nossa verdade e ponto final.

Recentemente, durante uma aula, um aluno me contou um caso. Ele disse que, quando criança, desenhou um sol verde. A professora olhou para aquele desenho e falou alto, já empunhando sua temerosa caneta vermelha, como uma lança prestes a perfurar o coração da sua vítima: "O sol não é verde. O sol é laranja. Está errado!". E, então, ela fez um "X" vermelho sobre o sol verde da criança, já pálida, punida por desenhar um sol do jeito que ela queria que fosse.

A professora fez um "X" não apenas no desenho, mas no potencial criativo daquele jovem, que 15 anos mais tarde contou emocionado essa história, numa sala de aula repleta de alunos solidários, quase que exorcizando a temível professora. Muitas vezes, é desse modo que a escola lidou com aquilo que ela julgava errado. Anos mais tarde, já na empresa, como você correrá riscos? Como será capaz de ousar? Isso será uma tarefa difícil. Será preciso enfrentar uma batalha rumo ao autoconhecimento, porque, provavelmente, o erro foi abolido do seu dicionário. Afinal, ele representa o feio, o perdedor, ou aquela estúpida nota baixa em matemática, na quinta série, quando o professor fez questão de deixar bem claro o quanto seu raciocínio não valia a pena, considerando apenas o resultado final. O grande *Sir* Ken Robinson diz que não crescemos rumo à criatividade, mas para longe dela, ou melhor, somos ensinados a abandoná-la.

Fico pensando que o facilitador ACP é a outra face dessa moeda. O facilitador receberá, muitas vezes, participantes com histórias como estas relatadas neste livro e também, muito provavelmente, terá vivido situações parecidas. Eu vivi várias vezes momentos assim. E você? Imagine que você e os demais membros do grupo chegam à sala de aula do treinamento corporativo carregando, por vezes, esse ranço acadêmico. Nesse instante, penso como as posturas facilitadoras, quando genuínas, fazem toda a diferença. Porque são pessoas lidando com pessoas o tempo todo. O facilitador ACP acredita na força desse organismo vivo, pujante e atualizante. Para esse facilitador, não existe grupo forte ou fraco, existe grupo.

A Boniteza da Facilitação

Há um livro do professor Moacir Gadotti, chamado *Boniteza de um Sonho: Ensinar e Aprender com Sentido*⊠. Em um dos trechos, ele destaca aquilo que chama dos *saberes necessários para o novo professor*. Colhi aqueles que, na minha visão, estão próximos do papel do facilitador e fiz uma livre adaptação trocando professor por facilitador. Vejamos:

1. O Facilitador é um profissional do sentido, atuando como mediador. O ato educativo está ligado ao viver com sentido;
2. O Facilitador é um profissional que aprende em rede, desenvolvendo habilidades de cooperação;
3. Ensinar é mobilizar o desejo de aprender, pois mais importante do que saber é nunca perder a capacidade de aprender;
4. A ética é parte integrante da competência do facilitador, do saber ser facilitador.

Decidi elaborar a tabela abaixo para comparar o que é e o que não é ser facilitador ACP. Entenda que é apenas um resumo.

O que É facilitação ACP	O que NÃO É facilitação
Os participantes estão no centro do processo.	O instrutor está no centro do processo.
Os objetivos de aprendizagem estão relacionados aos interesses do grupo.	Os objetivos de aprendizagem estão centrados no conteúdo do instrutor.
A aprendizagem se dá por meio dos atos. Um dos modos mais eficazes de promover a aprendizagem consiste em colocar o participante em confronto experiencial direto com problemas práticos.	O processo de aprendizagem se dá pela perspectiva e experiência do instrutor, havendo nenhuma ou baixa aderência às necessidades dos participantes e promovendo um ambiente passivo de aprendizagem.
A aprendizagem é facilitada quando o participante atua responsavelmente no seu processo.	O participante é passivo no processo. Ele é estimulado a atuar como um receptáculo de respostas e conteúdos.
A aprendizagem envolve os sentimentos e a inteligência do participante. Tudo deve ser considerado no processo, havendo condições de ajudar, sem julgamento.	Foco no conteúdo. Considera pouco as emoções. Há risco de julgamento.
O facilitador cria um clima ou condições de ajuda. Sua filosofia básica é a confiança no grupo e nos indivíduos que o compõem.	O instrutor direciona os olhares, as expectativas e a responsabilidade para si. Há postura de controle da sala. Sua necessidade pessoal prevalece sobre o grupo.

O que É facilitação ACP	O que NÃO É facilitação
O facilitador ajuda a trazer à tona tanto os propósitos individuais quanto os mais gerais do grupo. Não teme aceitar intenções contraditórias e metas em conflito. Permite a existência da diversidade de propósitos.	O instrutor posiciona-se quanto àquilo que é diverso, mantendo o foco naquilo que acredita ser bom para o grupo, apenas pela sua perspectiva.
Considera a si mesmo um recurso flexível a ser utilizado pelo grupo. Tem postura de tutor, mentor, conselheiro, ouvinte. Atua como um "andaime", apoiando estruturalmente a construção da aprendizagem, até o ponto que o grupo julgar necessária sua presença.	Considera a si mesmo o mais importante recurso, entregando respostas, conteúdos, pensadores e mantendo-se no controle. Atua como "vigas", sustentando a edificação da aprendizagem permanentemente.
Quando estabelece o clima de receptividade, o facilitador está apto a se tornar, progressivamente, um aprendiz participante, um membro do grupo, exprimindo suas opiniões como as de outros membros.	O instrutor mantém a hierarquia na sala de aula, sustentando seu papel de comando, ao longo de todo o processo.
Toma a iniciativa de compartilhar com o grupo seus sentimentos e suas ideias, de modo a não exigir nem impor, mas simplesmente ter uma participação pessoal que os outros integrantes podem acolher ou recusar.	O instrutor comunica dicas, histórias, conteúdos e referências, havendo a tendência de impor seu ponto de vista como sendo "a verdade".

O que É facilitação ACP	O que NÃO É facilitação
É congruente e empático com as expressões de sentimentos profundos ou fortes. Podem ser sentimentos de conflito, afeição, dor, raiva etc. Desse modo, o facilitador mostra-se atento não apenas às ideias do grupo, mas também às atitudes. Por meio da sua receptividade, ele ajuda a explicitá-las para que o grupo as compreenda e utilize de maneira construtiva.	O instrutor envolve-se nada ou pouco com as expressões dos sentimentos do grupo, já que tende a manter uma postura de controle e pouca liberdade.
O facilitador procura reconhecer e aceitar suas próprias limitações.	O instrutor sustenta a postura do controle e autocontrole. Suporta suas ações no conteúdo.
Utiliza recursos didáticos com o objetivo de criar condições de ajuda. Empenha-se em organizá-los e torná-los disponíveis o tempo todo.	Muitas vezes, utiliza recursos didáticos inadequados que expõem ou infantilizam o grupo (dinâmicas quebra-gelo são as campeãs nesse quesito). Apresenta uma lista de dicas baseadas na sua necessidade.
O facilitador ouve o grupo empaticamente.	O instrutor ama a própria voz.

Fonte: inspirado e adaptado do livro *Liberdade para Aprender*, Carl Rogers, 1969.

> *"Tem-se de encontrar uma maneira de desenvolver, dentro do sistema educacional como um todo, e em cada componente, um clima conducente ao crescimento pessoal; um clima no qual a inovação não seja assustadora, em que as capacidades criadoras de administradores, professores e estudantes sejam nutridas e expressadas, em vez de abafadas. Tem-se de encontrar, no sistema, uma maneira na qual a focalização não incida sobre o ensino, mas sobre a facilitação da aprendizagem autodirigida."*
>
> Carl Rogers

Uma Perspectiva Subjetiva Sobre a Experiência do Grupo

O processo de facilitação coloca, teoricamente, o facilitador e os demais membros do grupo na mesma perspectiva. Esses dois agentes chegam à sala de treinamento com a bagagem repleta de histórias, angústias e conquistas. É nesse cenário que, nós, facilitadores, começamos os primeiros instantes em sala de aula.

Quando o facilitador não está seguro de que consegue conduzir o grupo no jeito ACP, tende a se sentir despreparado e angustiado, pelo fato de ter aceitado, por exemplo, facilitar um processo de aprendizagem sobre um tema que não domina. Nesse caso, o que se vê é um indivíduo cheio de questões, sentindo-se vulnerável, observado, exposto. Já quem está seguro na ACP, parte do princípio de que o conhecimento está no grupo e o facilitador tem o papel de fazer os conhecimentos individuais se transformarem em um conhecimento coletivo e substancial. Afinal, não se trata de uma palestra na qual o facilitador fala e o grupo escuta. Se fosse, não seria facilitação nem tão pouco ACP.

Enquanto o facilitador está lá, diante do grupo, tentando lidar com as suas próprias questões para fazer aquele encontro ganhar significado para todos que ali estão, inclusive ele, os participantes, em geral, estão com medo de serem questionados, expostos, ameaçados, observados. Essa situação é bem típica em treinamentos impostos pela empresa ou pelo chefe, que, nesse caso, prefiro não chamar de líder.

Atitudes de insegurança como as citadas acima são um reflexo de como carregamos as histórias relacionadas às escolas por onde passamos e aos professores que tivemos. Provas, notas, advertências, repreensões, conquistas. Há um terreno repleto de subjetividades na mente de cada um de nós. Ao iniciar um treinamento, tudo isso está na sala, no grupo. Vemos a foto e raramente vemos também o filme que levou cada um até ali.

Muitas vezes, a memória do modelo escolar experimentado ao longo da vida acadêmica cria nos membros do grupo a expectativa de que o facilitador responda a seus anseios, dúvidas, medos etc. O facilitador ACP espera contribuir, ajudando a criar um ambiente que facilite o processo, sem, necessariamente, dar respostas, mas sim, apoio. Busca, por vezes, ser aceito como membro do grupo, ser leve, pouco notado, ser parte importante na sustentação do processo de aprendizagem, ser ator (e não o protagonista). Ser autêntico, ser ele mesmo, sem máscaras.

Lembro como o filme da década de 60, *Ao Mestre com Carinho*, estrelado pelo ator Sidney Potier, fez toda a diferença na minha vida. O longa apresenta a dificuldade de um engenheiro recém-formado e negro em melhorar sua condição de vida. Ele decide ser professor em Londres e acaba em uma escola do subúrbio, com uma turma muito problemática. Ele percebe que, antes de insistir no ensino com aqueles alunos, seria preciso trabalhar os valores morais e psicológicos dos jovens. Cada um deles vivia um drama na vida. Por isso, agia de maneira agressiva, tentando chamar atenção de uma forma revoltosa e, consequentemente, acabava tendo um baixo rendimento escolar.

O "jeito" que o professor escolheu para conduzir a turma no processo de aprendizagem obteve êxito. No primeiro momento, ele assumiu uma postura mais enérgica e congruente com aquilo que, de fato, estava sentindo. Aos poucos, com muita franqueza e seriedade, ele foi conquistando a atenção dos jovens.

Carl Rogers, no livro *Grupo de Encontros* (1970), analisando a relação terapeuta-cliente, faz uma consideração que reforça a subjetividade presente nas relações, que não acontecem num instante apenas, mas podem levar dias, meses, anos. Apresento aqui um recorte daquilo que ele expressa, primeiro sobre o papel como terapeuta:

> *"Para o terapeuta, é uma nova aventura que começa. Ele sente 'Aqui está outra pessoa, meu cliente. Sinto um pouco de receio dele, medo de penetrar nos seus pensamentos, tal como tenho de mergulhar nos meus. No entanto, ao ouvi-lo, começo a sentir certo respeito por ele, a sentir que somos próximos. Pressinto o quão terrível lhe parece seu universo, com que tensão procura controlá-lo. Gostaria de apreender seus sentimentos e que soubesse que eu os compreendo. Gostaria que ele soubesse que eu estou próximo do seu pequeno mundo compacto e apertado, capaz de olhar para esse mundo sem excessivo temor. Talvez eu possa torná-lo menos temível (...). Gostaria de acompanhá-lo nessa temerosa viagem ao interior de si mesmo, ao medo dele escondido, ao ódio, ao amor que ele nunca foi capaz de deixar aflorar em si. Reconheço que é uma viagem muito humana e imprevisível tanto para mim como para ele e que eu me arrisco, mesmo sem saber que tenho medo, a retrair-me em mim mesmo perante certos sentimentos que ele revela. Sei que isso impõe limites na minha capacidade de ajudar (...)'."*

A seguir, Rogers fala pela perspectiva do cliente:

> *"O cliente, por seu lado, atravessa uma série de estudos de consciência muito mais complexos, que apenas podemos*

> *sugerir. Esquematicamente, talvez os seus sentimentos assumam uma das seguintes formas: 'Tenho medo dele. Preciso de ajuda, mas não sei se posso confiar nele. Talvez ele veja em mim coisas de que não tenho consciência — elementos terríveis e maus. Ele não parece estar me julgando, mas tenho a certeza de que o faz. Não posso dizer-lhe o que realmente me preocupa, mas posso falar-lhe de algumas experiências passadas em relação a essas minhas preocupações. Ele parece que compreende essas experiências, logo, posso abrir-me um pouco mais com ele'."*

Essa dança se dará ao longo das horas, dias, meses e anos em que o processo acontecer. Terapeuta-cliente. Facilitador-grupo. Um *ballet* ritmado na vontade daqueles que buscam ajuda. Nessa dança, o facilitador deve estar sempre presente, mesmo com todas as suas questões já compartilhadas aqui. Ele nunca deve se ausentar do processo e do grupo. O facilitador facilita. O facilitador não cria pegadinhas, personagens, jogos de palavras para fazer o grupo completar frases ou coisas do tipo. Atuações artísticas, do tipo palestrante motivacional, raramente conversam com a ACP.

O Paradigma do "Tem Que!"

> "Tudo está fluindo. O homem está em permanente reconstrução;
> por isto é livre: liberdade é o direito de transformar-se."
>
> Lauro de Oliveira Lima, educador brasileiro.

Quando observo algumas empresas e RHs, percebo a presença e consolidação de um paradigma que deve ser, no mínimo, discutido. Frequentemente, escutamos frases, como "Esta turma TEM QUE sair com tal comportamento modificado", "Vocês TÊM QUE garantir o resultado", "Os participantes TÊM QUE mudar no final do programa em tais comportamentos", "Você TEM QUE provocar o grupo para tais aspectos", "Este participante está aquém daquilo que precisamos". Estas são apenas algumas das frases que ouvimos, constantemente, quando vamos apurar o *briefing* com o cliente e também durante o processo em sala de aula.

Quando comparamos essas aparentes necessidades do negócio com a facilitação baseada na ACP, há um abismo. Como podemos garantir, em sã consciência, que alguém vá mudar algum comportamento ou apresente melhor desempenho apenas com um, dois ou alguns dias de treinamento? Não há milagre. Muitas vezes, o trabalho desenvolvido em sala de aula está bem estruturado, apresenta fio lógico, a facilitação acontece, mas o clima na empresa é ácido, o líder é autoritário e a empresa está sem rumo. Será que o treinamento e o facilitador garantirão a mudança? Não há aprendizagem onde o "TEM QUE" predomina, onde a voz do julgamento é mais forte que o outro na sua integridade e potencialidade.

Outro dia, durante um treinamento, um facilitador me fez um questionamento: "Você não acha que a solução deles (no caso, a solução apresentada pelos participantes para um problema proposto) poderia ser melhor? Não poderiam ir além?". Respondi: "O que é ir além? O quanto conhecemos da realidade e do repertório de cada um deles para fazer esse julgamento?". O final dessa conversa rápida foi o silêncio.

Muitas vezes também é o silêncio que impera nas conversas que temos com os contratantes dos treinamentos, quando falamos sobre o "TEM QUE". Os treinamentos na Syntese têm como premissa o princípio fundamental da ACP que é a crença na tendência atualizante, ou seja, na capacidade que cada indivíduo tem de evoluir por si só, a partir das suas próprias escolhas e experiências. Ela fortalece a crença no florescer das pessoas. Assim, acredito que o desenvolvimento buscado pelas organizações, que se dá dentro dos processos de treinamento, continua após o seu término. Dessa forma, o "TEM QUE" acontecerá no desabrochar de cada indivíduo, ao seu ritmo, ao seu tempo, e não no momento determinado pelo contratante. O processo é constante.

Facilitação: Ouvidos que Ouvem

Começarei esta conversa sobre ouvidos numa reflexão feita por Rogers a qual ele chama de "Gosto de ouvir". Acredito que muitos já tenham vivido situação semelhante. Ele diz: "O primeiro sentimento, o mais simples, que eu quero, pois, compartilhar com vocês é o prazer de realmente ouvir alguém. Penso que talvez seja esta, de longa data, uma das minhas características. Lembro-me de que sou assim, desde os primeiros dias da escola primária. Uma criança fazia uma pergunta ao professor e este lhe dava uma resposta completamente diferente. Vinha-me sempre um sentimento de pesar e de aflição. Minha reação era: 'Mas o senhor não ouviu o que ele perguntou?'. Sentia uma espécie de desespero infantil ante aquela falta de comunicação que era (e é) tão comum. (...) Creio saber por que me satisfaz ouvir alguém. Quando realmente posso ouvir alguém, entro em contato com ele. Isso enriquece a minha vida. Ouvindo os outros, aprendi tudo que sei sobre o indivíduo, a personalidade, a psicoterapia e os relacionamentos interpessoais".

O processo de facilitação exige do facilitador ouvidos atentos, ouvidos que ouvem profundamente. Essa postura pressupõe colocar o facilitador como parte do grupo (e não como centro), construindo e debatendo com o grupo, facilitando e não dificultando o caminho do aprendizado. O ouvir profundo é um recurso necessário para o facilitador estar inteiro no grupo.

O jeito de facilitar ACP exige desprendimento dos modelos que vivemos no passado e abertura para o novo, colocando-se, genuinamente, como um participante curioso do processo. Outro dia, ouvi de um colega facilitador: "Quanto menos preparado você estiver, melhor! Isso ajuda a manter a curiosidade. Ajuda a ouvir. Sem rótulos". É exatamente assim que eu penso.

Essa afirmação me fez lembrar dos *briefings* que já recebi dos RHs. Traziam detalhes de cada participante do treinamento que seria realizado. Fichas corridas, quase um histórico dos crimes cometidos pelo funcionário, além de recomendações para lidar com ele.

Nesse instante, a ânsia em ajudar mata a curiosidade e a possibilidade de conhecer o outro pelo filtro do facilitador — e não pelas lentes, muitas vezes embaçadas, dos avaliadores locais.

Recentemente, estive em uma grande empresa multinacional. Fui ouvir a demanda de um RH desesperado e em busca de ajuda. Segundo as profissionais que representavam a área, elas já haviam falado com mais de dez consultorias. Fiquei por quase duas horas ouvindo histórias e angústias. Fiz perguntas e expus minhas dores. Ao término, elas pediram o meu parecer para tamanho problema. Minha resposta: "Não sei". E não sabia mesmo. Tinha de pesquisar, conversar com mais pessoas, as questões eram complexas. Alguns dias depois, voltei para uma nova reunião. Passado algum tempo de conversa e exploração de possibilidades, uma das profissionais me deu um *feedback*: "Sabe que aquele dia eu amei a nossa reunião. Muitas consultorias vêm aqui e dão respostas para tudo. Eu me achava burra. Afinal, trabalho aqui e não sei como resolver as questões internas. Você disse não sei. Eu comemorei quando foi embora". Viva a inconclusão. Um facilitador é um mar de inconclusões. Ah! Quanto ao projeto, não aconteceu. As demandas mudaram.

O mestre Paulo Freire, no livro *Pedagogia da Autonomia*, faz a seguinte reflexão sobre o ato que ele nomeia como "Aprender a escutar": "(...) Somente quem escuta paciente e criticamente o outro, fala com ele, mesmo que, em certas condições, precise de falar a ele".

Carl Rogers faz uma belíssima contribuição para as questões aqui expostas. Ainda no livro *Liberdade para Aprender*, ele diz: "Atribuo um enorme valor ao fato de poder me permitir compreender outra pessoa". E complementa: "A forma como expus essa afirmação parece-lhes estranha. Será necessário permitir a si mesmo compreender outra pessoa? Penso que sim. A nossa primeira reação à maior parte das afirmações que ouvimos das outras pessoas é uma avaliação imediata, é mais um juízo do que uma tentativa de compreensão. Quando alguém exprime um sentimento, uma atitude ou uma opinião, nossa tendência é quase imediatamente sentir: 'está certo', 'que besteira', 'não é normal', 'não faz sentido', 'não está certo', 'não fica bem'. Raramente, permitimos a nós mesmos compreender precisamente o que significa para essa pessoa o que ela está dizendo. Julgo que essa situação seja provocada pelo fato de a compreensão implicar um risco. Se me permito realmente compreender outra pessoa, é possível que essa compreensão acarrete uma alteração em mim. E todos nós temos medo de mudar. Por isso, como afirmei, não é fácil permitir a si mesmo compreender outra pessoa, inteiramente, completa e empaticamente (...) Compreender é duplamente enriquecedor".

A Importância de Firmar Acordos com o Grupo

Uma pergunta que escuto com frequência é se na ACP pode tudo. Como se fosse um ambiente absolutamente desprovido de regras e cada um faz o que quer. E a resposta é não! A ACP pede acordos e combinados, porém eles podem ser feitos de um jeito diferente — coconstruído — ou convencional, você decide.

Como facilitador, já defini com o grupo as regras de convivência, por exemplo. Já fiz isso algumas dezenas de vezes nas aulas em universidades ou programas de treinamento. Por que apresentar uma lista num *PowerPoint* sem vida? Não vale dedicar tempo para construir com o grupo? Facilitando uma aula num curso de MBA, perguntei aos alunos quando seria o melhor momento para o café, como gostariam de ser avaliados (já que a instituição não abre mão dessa insanidade) e quais seriam as regras de convivência durante as aulas. O grupo, que inclui o facilitador, decidiu que o celular não caberia nas aulas, mas que os intervalos poderiam ser um pouco mais longos para a troca de mensagens e e-mails. Quanto às provas, o grupo construiu as perguntas, decidiu como seriam organizadas as questões e, por fim, deu as notas.

Ao término das aulas, recebi de alguns alunos *feedbacks*, como: "Nunca imaginei decidir a nota! Senti-me empoderado!", "Adorei construir a aula", "Foi incrível ouvir e conhecer os demais colegas de classe". Também vi algumas caras feias, alunos esperando e pedindo uma aula convencional. Mas o saldo foi positivo e as conquistas, marcantes. Já havia feito isso na FAAP, mas não com essa dimensão vivida nessa turma de MBA, na FIA, onde lecionava sobre liderança contemporânea. O tema já era uma provocação por si só e não me permitia dar uma aula convencional. Afinal, como ser contemporâneo, pensando e agindo no modelo industrial?

Sem Pegadinhas

Outro aspecto importante na facilitação e que faz parte do jeito ACP é o fato de não existir "pegadinha" no processo. Certa vez, notei que um dos participantes de um treinamento que eu facilitava estava visivelmente incomodado com a atividade que acontecia. Perguntei-lhe se estava tudo bem. E ele disse: "Estou tentando adivinhar qual é a pegadinha deste jogo". Tentei entender com ele qual era o motivo dessa preocupação e ouvi: "Sempre ficamos um tempão nessas dinâmicas para, no final, descobrirmos que havia uma pegadinha. Estou cansado disso". Respondi algo que, na minha visão, é o que norteia este livro: "No processo de educação de adultos ou crianças, não pode haver pegadinha. Isso não seria educação, seria qualquer outra coisa. Quando a consultoria é séria, ou seja, tem consciência do que está fazendo e de qual é o seu papel diante de um grupo, você não corre esse risco".

Treinamento Técnico Aceita ACP, Sim

Mesmo quando se trata de um tema técnico, cheio de regras e teorias, é possível para o facilitador se manter na ACP. O que ele precisa fazer é, mais uma vez, facilitar o caminho, apresentar o conceito e, então, criar condições para que a discussão sobre o ponto apresentado aconteça. Outro dia, discutindo com um profissional que ministra aulas sobre segurança do trabalho, ele me questionou, dizendo que há uma série de normas e regras que devem ser apresentadas num treinamento como esse e que não cabe facilitar e construir conceitos coletivamente, já que a regra já está definida.

Acredito que, no caso de um assunto técnico, o jeito ACP pode prevalecer quando há o olhar cuidadoso do facilitador para o participante, quando há escuta ativa às necessidades do grupo e atenção aos problemas locais. É dessa forma que posturas facilitadoras propostas por Carl Rogers (congruência, compreensão empática e aceitação incondicional positiva) podem ajudar. Mas lembre-se, não é técnica, é jeito.

Confiança Não é Dada, é Conquistada

> *"Eu te desejo muitos amigos*
> *Mas que em um você possa confiar*
> *E que tenha até inimigos*
> *Pra você não deixar*
> *De duvidar"*
>
> Frejat

Conforme o *Dicionário Aurélio,* confiança é um substantivo feminino que se expressa como ação de confiar, na qual também pode exigir uma segurança para fazê-la. Entregar (alguma coisa) a alguém sem receio de perdê-la ou de sofrer dano. Acreditar. Entregar-se cheio de confiança.

"A confiança não é dada, ela é construída por atitudes de respeito como acolhimento, nos limites das relações humanas possíveis, entremeadas de afeto e de disponibilidade para o diálogo." Esta é uma belíssima contribuição trazida do livro *Dicionário Paulo Freire.*

Há uma questão importante na relação de confiança. Muitas vezes, escuto facilitadores ou instrutores dizendo: "Será que se eu falar tal coisa a pessoa aguenta ouvir?". A reflexão que fica é que, quando confiamos verdadeiramente no potencial da pessoa, não podemos decidir por ela o que ela aguenta ou não ouvir. Ao pressupor que eu aguento receber a verdade e o outro não, coloco-o em um degrau abaixo de mim e, assim, acabo subjugando a pessoa. Essa postura é muito recorrente e não conversa com as posturas facilitadoras ACP.

A confiança é o que mantém a estrutura de qualquer relação. Sem ela, não há como criar laços fortes entre líderes e liderados, entre colaboradores e empresas, entre o RH e os profissionais que ele contrata — ou ajuda a contratar — e para os quais elabora treinamentos. Imagine um RH sem confiança no time que ele próprio ajudou a formar? Isso existe e não é uma raridade.

Há uma história vivida pelo facilitador Thiago Nistal que expressa bem a relação de confiança (ou a falta dela) do RH com os funcionários de uma empresa. Mas, antes, é preciso explicar que Nistal é musicoterapeuta e facilitador de rodas de tambores, uma dinâmica de grupo em que os integrantes participam tocando tambores e outros instrumentos musicais de percussão, com o propósito de fazer música em conjunto. "Trata-se da utilização do fazer música a serviço de objetivos não musicais", explica o especialista.

Segundo ele, a experiência com a prática da roda de tambores estimula a criatividade e aumenta a autoestima dos participantes, cria integração e melhora a comunicação entre os membros do grupo. Além disso, faz com que eles vivenciem o processo de liderança, compreendam a visão dos processos, entre outros fatores. Alguns estudos clínicos comprovam benefícios à saúde de pessoas que participaram de experiências com Rodas de Tambores, incluindo o aumento das defesas imunológicas e redução do estresse.

Voltando à nossa história sobre confiança, antes de realizar a dinâmica, Nistal recebeu de uma jovem profissional do RH da empresa em questão um e-mail carregado de desconfiança. Ela escreveu: "Você promete ficar atento ao tempo que cada pessoa ficará com cada instrumento no mesmo ritmo? (...) E se as pessoas não se sentirem à vontade para discutir o assunto após a roda (*debriefing*)?".

Fiquei imaginando o sofrimento e a necessidade de controle dessa jovem. Provavelmente, ela gostaria de garantir o êxito da atividade e a aprovação máxima dos participantes. Talvez não quisesse frustrar seus gestores ou talvez tenha tido essa atitude não por vontade própria, mas por alguma pressão interna da corporação. De qualquer forma, para deixá-la confortável, Nistal, gentil e paciente, respondeu-lhe que a questão do tempo em cada instrumento era relativa, já que a atividade em si seria maior do que isso. Garantiu que daria muita atenção, que teriam muitos músicos apoiando e pediu que ela ficasse tranquila. Já com relação às pessoas não se sentirem à vontade para discutir os assuntos propostos, ele ressaltou que esta poderia ser considerada uma postura válida, sendo, inclusive, uma forma de fazer uma leitura do grupo. Novamente, o que entrou em cena nessa situação causada pela profissional foi "controle *versus* liberdade".

Outro exemplo nós vivemos dentro de uma multinacional que buscava um ciclo de treinamento para desenvolver o espírito de dono e protagonismo nos colaboradores. Para se ter ideia do desafio que tínhamos pela frente, o RH queria controlar tudo o que o grupo iria ver, ouvir e discutir durante o treinamento. Num dado momento da conversa, eu e uma facilitadora que me acompanhava na reunião falamos abertamente sobre nosso sentimento, em relação àquela situação. Pontuamos questões sobre como uma empresa que quer controlar cada vírgula do conteúdo de um treinamento com mão de ferro vai fazer o time assumir qualquer tipo de protagonismo. Ou como desenvolver espírito de dono, quando não se confia nos "donos".

Sob nossa perspectiva, expusemos sobre a possibilidade de o RH, como área demandante, primeiro observar a própria postura, mudar a relação ainda por vezes paternal e rever o jeito de olhar para esses funcionários. Desse modo, haveria mais chance de sucesso. É impressionante como o mandonismo do Aquário Brasil sempre mostra a sua cara. Por fim, caminhamos com o programa. Ao término de cada encontro, fazíamos uma sessão com o RH e a liderança local para aparar arestas e alinhar expectativas. Todos ficaram satisfeitos e o RH saiu fortalecido. Esse caso virou referência global nessa companhia e o principal motivo foi o modo como facilitamos as conversas. Na visão da empresa, "foi inovador!".

> *"Não podemos mudar, não podemos nos afastar do que somos enquanto não aceitarmos profundamente o que somos"*
>
> Carl Rogers

Rogers faz a seguinte reflexão sobre confiança: "A meu ver, o ingrediente importante proporcionado pelo facilitador é a confiança. (...) A confiança não é suscetível de ser fingida. Não é uma técnica. O facilitador há de ser tão confiante quanto de fato é".

> *"A centralidade da educação como prática da liberdade implica no diálogo que exige o amor, a amorosidade e confiança na construção do lugar do conhecimento como direito de participação em outro mundo possível."*
>
> Paulo Freire

A Vulnerabilidade do "Não Sei"

Lembro que algumas vezes não soube responder a algumas perguntas que me foram dirigidas em sala de aula. Simplesmente, disse ao participante que eu não tinha a resposta. Para quem lida com a educação de forma tradicional, minha atitude pode parecer fraqueza. Claro, tenho consciência de que dizer "não sei" gera vulnerabilidades (interna e externa). Mas entendo também que se trata de um atol baseado na congruência, empatia e aceitação incondicional positiva consigo mesmo. Quando isso acontece, tudo fica mais fácil, diminui o peso nas costas do facilitador, distribuindo, organicamente, o peso do que é ou não responsabilidade dele. No entanto, reforço que a facilitação ACP não é técnica, é jeito.

Capítulo 5

~*~*~

Fluxo da Facilitação

> *"Nada lhe posso dar que já não exista em você mesmo.*
> *Não posso abrir-lhe outro mundo de imagens, além daquele que há em sua própria alma.*
> *Nada lhe posso dar a não ser a oportunidade, o impulso, a chave.*
> *Eu o ajudarei a tornar visível o seu próprio mundo, e isso é tudo."*
>
> Hermann Hesse

Quem não está familiarizado com a ACP, pode achar que sem método e "apenas com jeito" é impossível entregar um treinamento estruturado e de forma profissional, digamos assim. Mas eu acredito que esse pensamento seja equivocado. Muitas vezes, já me questionaram se o treinamento baseado na ACP não é solto demais, sem amarras. Afinal, fugimos do *PowerPoint* e do plano de aula. Pois bem. Chegou a hora de revelar que não, o treinamento não é solto.

Os treinamentos da Syntese são baseados em uma estrutura que chamamos de **Fluxo da Facilitação**. O Fluxo possui dois filamentos, sendo que um representa a figura do facilitador e o outro, dos participantes. Veja a figura abaixo:

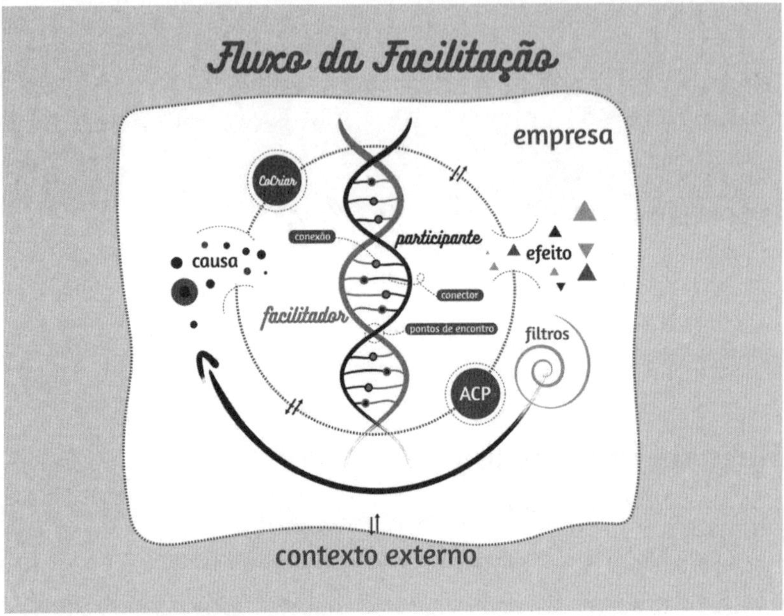

O **Fluxo da Facilitação** remete ao formato do DNA, tem movimento, os filamentos se expandem e se aproximam, formando ondas. Os movimentos simulam os momentos de protagonismo do facilitador e dos membros do grupo. Dos filamentos, nascem conectores que, como se vê no desenho, representam a intensidade de participação e de ação de cada filamento (facilitador e participantes), em diferentes fases do treinamento.

Os conectores provenientes do facilitador carregam o desenho do treinamento. Neles, estão, por exemplo, a introdução ao tema; os acordos propostos para o grupo; os estímulos, como perguntas, histórias e/ou conteúdos trazidos pelo facilitador; os recursos didáticos; o CAV — Ciclo de Aprendizagem Vivencial; e o fechamento.

Já os conectores que nascem do filamento dos participantes trazem as percepções, contribuições e reflexões do grupo em relação ao tema do treinamento, bem como o repertório de cada integrante.

Os pontos de contato entre os conectores do facilitador e os do grupo representam, justamente, tudo aquilo que é cocriado dentro da sala de treinamento, como os aprendizados, que podem ou não ser significativos. Segundo Rogers, a aprendizagem significativa acontece quando o participante percebe que o conteúdo se relaciona com seus próprios objetivos.

Ao longo do fluxo, tende a inverter a intensidade de participação de cada agente. Hora o grupo ganha mais espaço, hora o facilitador o faz, lembrando que, na facilitação ACP, quem facilita também passa a fazer parte do grupo. Assim, não existe líder e liderados, mas sim um ambiente de contribuição mútua, um espaço a ser preenchido com o conhecimento, o repertório e as histórias de absolutamente todos que estão na sala e que estão dispostos a compartilhá-los.

Quando o facilitador propõe ao grupo um recurso didático (jogo, filme, *world café*...), nesse instante, o seu nível de intensidade está mais elevado. A partir do momento em que o grupo acolhe a proposta e aceita participar da atividade, eleva-se o nível de intensidade do grupo em relação ao facilitador. É justamente esse movimento que denominamos de **Fluxo da Facilitação**.

Faz parte desse movimento, inclusive, a possibilidade de o grupo sugerir caminhos distintos daquele inicialmente proposto pelo facilitador. Daí surge o conceito da **Alegoria do Jardim**, criado pela Syntese.

Esse conceito foi inspirado na experiência do usuário tão prezada pelos *designers*. De que adianta uma cadeira com *design* inovador e nada confortável? De que adianta asfaltar um caminho, se quem por lá passa prefere outra rota, a não asfaltada?

Outro dia, facilitava um treinamento para uma empresa global. Como de costume, fiz reuniões de alinhamento com o RH. Conversamos sobre as principais questões que seriam abordadas no encontro com os colaboradores. O fluxo da facilitação propunha uma abertura, algumas histórias e, na sequência, uma atividade relacionada a valores.

No entanto, durante essa experiência sobre os valores profissionais, surgiram relatos de experiências importantes dos participantes. Eles começaram a dividir, espontaneamente, histórias de vida que expunham seus valores pessoais. Foi a brecha para percorrermos uma nova trilha pelo "jardim". Recolhi o treinamento que havia desenhado, abandonei o relógio e me joguei com o grupo nos novos caminhos. Construímos um painel e conseguimos, juntos, visualizar como os valores trazidos por eles se conectavam com os valores da empresa. Chegamos ao outro lado da "praça" animados com as conquistas. Ou seja, cumprimos os objetivos propostos, porém, por um caminho cocriado que permitiu a aprendizagem significativa.

A Alegoria do Jardim respeita os anseios e desejos do grupo, sem perder de vista o objetivo do treinamento e as expectativas da empresa contratante. O grupo continua no mesmo jardim, porém, escolheu um caminho diferente para percorrê-lo.

Sistema Vivo, Líquido e Poroso

> *"Esvazie sua mente de modelos, formas, seja amorfo como a água.*
> *Você coloca a água em um copo, ela se torna o copo.*
> *Você coloca a água em uma garrafa, ela se torna a garrafa.*
> *Você a coloca em uma chaleira, ela se torna a chaleira.*
> *A água pode fluir (...). Seja água, meu amigo."*
>
> Bruce Lee

O **Fluxo da Facilitação** está imerso num sistema vivo, líquido e poroso, onde há troca entre as partes o tempo todo. Esse sistema é composto por inúmeras variáveis, como o contexto ou o meio externo ao negócio (político, econômico, social, ambiental etc.) e o meio interno (políticas da empresa, normas de conduta, produtos e serviços, processos, perfil profissional das lideranças e equipes, saúde financeira etc.).

Assim, a sala de aula não é uma solitária. A porta está fechada, mas as paredes são porosas. As pessoas estão conectadas com o meio, alertas ao que acontece do lado de fora. Já vivi situação em que a notícia — vinda de fora — da alta do dólar influenciou diretamente o caminho que o grupo estava seguindo no treinamento.

A troca de dentro para fora e de fora para dentro é constante, é cíclica e não deixa de ser um fluxo.

Causa e Efeito

A dinâmica de uma empresa pode ser representada por um movimento de causa e efeito. Desse modo, uma série de questões internas e externas ao negócio são agentes causais para o sistema que abriga a companhia. Por exemplo, quando há uma crise econômica no país, normalmente, dependendo do setor, há uma retração no consumo. Esse desequilíbrio externo pode causar diminuição na produção. Assim, hipoteticamente, podemos ter a seguinte leitura sobre causa e efeito:

Causa = diminuição da produção

Efeito = demissões

Esse mesmo efeito pode gerar novas causas, como estresse, problemas trabalhistas, saúde financeira abalada etc. Isso é a prova de que o Sistema no qual as empresas estão inseridas é vivo. O sociólogo Zygmunt Bauman faz uma contribuição na sua discussão sobre o mundo líquido que pode nos ajudar neste instante. Ele diz: "houve um tempo em que conceitos eram sólidos. Ideias, ideologias, relações, blocos de pensamento moldando a realidade e a interação entre as pessoas. O século 20, com suas conquistas tecnológicas, embates políticos e guerras, viu o apogeu e o declínio desse mundo sólido. A pós-modernidade trouxe com ela a fluidez do líquido, ignorando divisões e barreiras, assumindo formas, ocupando espaços, diluindo certezas, crenças e práticas".

É nesse sistema vivo e líquido que as empresas contratam uma consultoria de treinamento. Normalmente, isso acontece em resposta a uma causa diagnosticada pelo RH, como no caso de haver uma expansão do negócio e, consequentemente, a necessidade de formar novos líderes. A escolha de um programa de desenvolvimento pode resultar em inúmeros efeitos (motivação do time, compreensão do papel de cada integrante, fortalecimento da equipe, resultados financeiros etc.) — a falta de resultados do treinamento também é um efeito.

Para entender esses efeitos, acreditamos na necessidade de identificar quais são os filtros, ou seja, indicadores dos efeitos, das reações geradas pelo treinamento. Alguns exemplos de filtros para o caso já exemplificado: melhoria ou não da sinergia entre áreas, a qualidade dos projetos desenhados e executados, resultados comerciais, inovação em produtos e/ou serviços, retenção de líderes e aderência ao propósito do negócio.

O resultado dos filtros gera novas causas, que, por sua vez, podem ou não gerar novas demandas de treinamento. Há causas que podem resultar, por exemplo, na aquisição de novos equipamentos, contratação de pessoas ou busca de financiamento.

Acredito que a cada momento desse sistema vivo seja possível utilizar o fluxo da facilitação, à medida que ele pressupõe cocriação o tempo todo. Assim, podemos ter um melhor sistema ao longo do tempo, com maior engajamento daqueles que compõem o sistema.

Canvas para Facilitação ACP

O Canvas é uma ferramenta **prática** e **versátil** que permite enxergar todos os aspectos fundamentais para a construção de uma jornada de facilitação pela Abordagem Centrada na Pessoa. Todas as informações ficam expostas em uma única página.

O Canvas é composto por seis quadros subdivididos que, juntos, cobrem as principais áreas para a construção de um processo de facilitação ACP, são elas:

- Cliente
- Facilitador
- Fluxo da Facilitação
- Entregáveis
- Recursos
- Logística

Esse recurso poderá guiar qualquer facilitador e consultoria na construção de uma jornada de aprendizagem ACP.

A seguir, veremos o quadro, bem com as perguntas e explicações que apoiarão o facilitador na construção do processo de facilitação.

CANVAS FACILITAÇÃO ACP

CLIENTES

Qual a empresa?

Qual o público alvo? Qual área do negócio? Quantos participantes?

Quais as necessidades/dores do cliente?

Contatos

FACILITADOR

O que eu sei?

O que preciso saber?

Quem poderá me ajudar?

RECURSOS

Metodologias e ferramentas	Materiais

Syntese

LUXO DA FACILITAÇÃO

a jornada de aprendizagem?

ENTREGÁVEIS

Quais os resultados esperados?

LOGÍSTICA

Como irei? Qual o local?
lata e horário? Duração do treinamento?

Qual a estrutura da sala? O que é necessário?
(projetor, flip chart, mesas, etc)

Como preencher o CANVAS da Facilitação ACP?

A melhor maneira para preencher o Canvas é **imprimir o "quadro" do Canvas e usar *Post-its*** e anotações para preencher as colunas. (No site da Syntese você encontra o Canvas para download.)

O mais importante é que fique fácil para você **modificar** e **visualizar** o tempo todo.

Abaixo algumas dicas para preenchimento:

Clientes
Qual a empresa?

Nesse espaço, o objetivo é colocar o nome da empresa e algumas características do negócio, como, por exemplo o setor, a missão, a visão e outros dados importantes para apoiar o processo da facilitação.

Qual o público-alvo? Qual a área do negócio? Quantos participantes?

Quem são os participantes do treinamento (nível hierárquico)? Apresentar quais áreas da empresa participam da jornada de aprendizagem (vale detalhar). Número de participantes por turma.

Quais as necessidades/dores do cliente?

Nesse espaço, o objetivo é apresentar as principais expectativas do cliente, suas demandas, problema-chave, motivadores da jornada de aprendizagem, causas que desencadeiam o processo de facilitação.

Contatos

Quais são os contatos do RH ou área responsável?

Facilitador
O que eu sei?

Quais são os conhecimentos, habilidades, metodologias e ferramentas para facilitar essa jornada?

O que preciso saber?

Quais conhecimentos, habilidades, metodologias e ferramentas ajudarão nessa jornada de aprendizagem? O que não sei, mas preciso saber?

Quem poderá me ajudar?

Quem poderá ajudar na busca dos conhecimentos, habilidades, metodologias e ferramentas necessárias para essa jornada de aprendizagem?

Fluxo da Facilitação
Qual será a jornada de aprendizagem?

Nesse campo, a ideia é definir os principais pontos do eixo do fluxo da facilitação que apoiarão a jornada de aprendizagem. Por exemplo, quais pontos principais serão abordados no caminho, metodologias utilizadas, ferramentas propostas etc? A sugestão é definir o fio lógico que apoiará toda a jornada. Vale brincar com os *Post-its*.

Entregáveis
Quais os resultados esperados?

O que é esperado como resultado dessa jornada? Quais efeitos esperados? O que os participantes poderão fazer diferente ao final dessa jornada? Como podemos mensurar os resultados? Quem poderá comprovar esses resultados?

Recursos
Metodologias e ferramentas

Quais metodologias e ferramentas serão necessárias para apoiarem a jornada de aprendizagem? Por exemplo, investigação apreciativa, *action learning, design thinking,* jogos, world café etc.

Materiais

Quais materiais serão utilizados ao longo da jornada? Por exemplo, *Post-it,* jogos (quais?), canetas coloridas, papel, barbante etc.

Logística
Como irei? Qual o local? Qual a data e o horário? Duração do treinamento?

Detalhar os aspectos logísticos para execução da jornada de aprendizagem.

Qual a estrutura da sala? O que é necessário? (Projetor, *flip chart,* mesas etc.)

Detalhar como deve ser o formato da sala (posição das cadeiras e mesas – formato U, círculo, grupos etc.), além das demais estruturas necessárias para apoiar a facilitação.

Recursos Didáticos

> *"Considera-se a si mesmo como um recurso flexível a ser utilizado pelo grupo."*
>
> Carl Rogers

Pensar nos recursos didáticos que apoiam a criação das condições de aprendizagem para o grupo é uma tarefa essencial do facilitador. A escolha de um recurso pressupõe uma análise sobre a demanda do treinamento, as características dos participantes, a **Alegoria do Jardim** e o **Fluxo da Facilitação**. Qualquer recurso utilizado não pode ser maior ou mais importante que o grupo.

Imaginem que os recursos são como alimentos dentro de uma geladeira. Se temos em casa uma geladeira apenas com ovo, faremos, então, ovo frito ou cozido para comer, já que é o único recurso disponível. Agora, se a geladeira estiver cheia, com ovo, tomate, hambúrguer, queijo, alface, presunto, maionese, mostarda, podemos fazer um delicioso *cheeseburger*. Assim, entendo que o facilitador oferece parte dos ingredientes da geladeira. Ele sugere mais opções para que o participante faça suas escolhas e possa, por conta própria, decidir sobre qual refeição quer ter.

O professor da disciplina de Máquinas Agrícolas, Paulo Arbex, da FCA UNESP Botucatu e já citado neste livro, fez uma contribuição sobre um recurso didático que ele tem utilizado na Universidade. Ele conta que houve uma grande mudança no perfil dos alunos, muitos são das capitais, com pouca vivência prática no campo. Além disso, a tecnologia invadiu as salas de aula. Provavelmente, não existe um aluno sem celular, ou seja, estão conectados com o mundo o tempo todo, inclusive durante a aula.

Segundo Arbex, muitos professores veem essa tecnologia como um concorrente, algo que afasta o aluno do conteúdo das aulas. Já ele, decidiu fazer do *smartphone* um aliado do processo de aprendizagem. Há pouco tempo, descobriu o site *KaHoot*, que permite ao professor preparar testes para aplicar nos alunos.

Antes da aula, ele prepara o teste com o conteúdo que vai abordar. No final da aula, realiza uma gincana. Arbex pede que os alunos formem duplas e entrem no site para criar um *nickname*. O jogo começa assim que todas as duplas se inscrevem. Então, o professor projeta o teste no quadro e os times começam a responder às questões relacionadas à aula o mais rápido possível. Quem acerta, ganha pontos. Quem acerta mais rápido, ganha mais pontos.

"Nas últimas perguntas do teste, a classe já está pegando fogo", diverte-se. Segundo ele, o método ajudou a aumentar o envolvimento dos alunos menos participativos. "Os alunos estão cansados de aulas somente expositivas. Quando você mostra alguma coisa diferente, eles vibram", empolga-se. Arbex não abre mão das aulas práticas. Faz questão de tirar os alunos da sala de aula para sentarem nos tratores e ligarem o motor. "Acredite, isso é uma realização para eles!", conta o professor, animado com o alto nível de engajamento nas turmas.

Arbex colocou a Alegoria do Jardim em prática ao escolher o recurso didático mais adequado à sua audiência. Construiu uma trilha aderente à geração Y que compõe sua turma de alunos na graduação. São inúmeras as possibilidades de recursos didáticos que podem ser empregados em um treinamento. Não tenho a pretensão de fazer um especial sobre eles neste livro, mas listei aqueles que utilizamos na Syntese e que nos ajudam a facilitar o processo de aprendizagem.

Ciclo de Aprendizagem Vivencial (CAV)

Antes de abordar especificamente os recursos didáticos, vale uma breve explanação sobre o Ciclo de Aprendizagem Vivencial. Ele é um processo estruturado de processamento e elaboração de vivências aplicadas em grupos (normalmente fruto da utilização de algum recurso didático), no contexto do desenvolvimento de pessoas. Ele é um tipo de *debriefing*, o que corresponde a uma forma de debater e organizar aquilo que foi vivido e aprendido. Nem todo *debriefing* é um CAV, a depender do tipo de atividade e do nível de mobilização que ocorreu no grupo.

Segundo o facilitador Thiago Nistal, um dos especialistas no assunto e consultor da Syntese, a emoção causada pela experiência de aprendizagem aumenta a possibilidade de fixação e retenção do conteúdo na memória. "As dinâmicas de grupo em processos de aprendizagem, quando aplicadas adequadamente, mobilizam conteúdos emocionais potentes e facilitam a compreensão dos objetivos de aprendizagem do encontro. Porém, mobilizar emoções não garante a aprendizagem. É preciso nomear essas emoções, entender como elas afetam os aprendizados no aqui e agora e traçar paralelos com o dia a dia. Esta é a força do Ciclo de Aprendizagem Vivencial."

Costumamos adotar na Syntese uma adaptação do CAV, criado por David Kolb. Trata-se de um método que possibilita a reflexão sobre a atividade, na busca de um aprendizado mais efetivo. São quatro etapas básicas do CAV: vivência, processamento, generalização e aplicação. O facilitador ajuda a criar, por meio dessa estrutura, um ambiente seguro de debate e reflexão, aumentando as possibilidades para uma aprendizagem significativa.

A primeira etapa, a **vivência** da atividade, é costumeiramente lúdica, como um jogo, por exemplo. Normalmente, são atividades que mobilizam muito as emoções, o que exige, ao final, um momento reservado para nomear e organizar o aprendizado.

Assim, avançamos para a fase do **processamento**, na qual os participantes organizam as sensações vividas e percebidas ao longo da atividade (transpiração excessiva, calor, frio, tremedeira etc.), além de refletirem, discutirem e apresentarem os sentimentos ou emoções (alegria, tristeza, raiva, medo etc.). "O facilitador deve ter a habilidade de revelar a importância dos sentimentos e sensações no processo de aprendizagem, proporcionando ao grupo um momento de autoconhecimento e reflexão", afirma Nistal.

A **generalização** é a etapa seguinte do ciclo. Nela, o facilitador estimula o grupo a pensar naquilo que foi positivo, negativo ou não funcionou ao longo da atividade. Por fim, entramos na **aplicação**. Nesse instante, os participantes fazem correlações com o dia a dia na empresa, com a vida real, com o concreto.

Tenho percebido que esse caminho, aparentemente simples, raramente é bem executado em sala de aula. Acontece muito de o facilitador atropelar etapas. Muitas vezes, ignora a energia e o esforço despendidos pelo grupo, dedicando pouco tempo à organização daquilo que foi mobilizado emocionalmente e aprendido.

Quando bem executado, o CAV se torna um caminho mágico, repleto de descobertas, sendo essencial para a construção do processo de aprendizagem significativa. Quando o facilitador segue o fluxo proposto pelo CAV de um jeito ACP, há grandes chances de a vivência do grupo ganhar contornos. Obviamente, cada participante encontrará o seu caminho. Já vi conexões importantes surgirem nesse momento. Muitas vezes, é nesse instante, por exemplo, que os líderes exercitam e compreendem, empaticamente, suas equipes, pois organizam a experiência vivida, dando significado, sentido e concretude às suas emoções e atuação como gestor. Outro dia, durante o CAV que aconteceu após o grupo vivenciar um jogo que envolvia uma situação de hierarquia bastante marcada e com restrição na comunicação, um gestor disse: "Estou imaginando a dor do meu liderado. Deixo ele isolado, sem informações, sem apoio e exijo que dê resultados. Como foi importante entender isso. Nunca mais repetirei isso com a minha equipe".

Action Learning

Esse método chegou à Syntese em 2016, quando fizemos uma degustação com a própria Luciana Rovegno, já citada neste livro e *Action Learning Coach* formada pelo WIAL — *World Institute for Action Learning*, organização responsável pela certificação em *Action Learning*. Ao entender que a base da postura do *coach* de *Action Learning* é a Abordagem Centrada na Pessoa, fui atrás da certificação.

Nesse processo, o *coach* deve acreditar, incondicionalmente, na capacidade do grupo de encontrar a melhor solução naquele momento, mantendo-se no papel de guardião do processo. O grupo é soberano na solução e no encaminhamento das ações definidas. O único papel do *coach* é facilitar a aprendizagem do indivíduo, da equipe e da organização.

O *Action Learning* é totalmente baseado em perguntas feitas entre os participantes e com o objetivo de solucionar um determinado problema proposto por um dos integrantes do grupo. Helena Miyahara, minha amiga e presidente do WIAL Brasil, explica que o método está muito alinhado com o contexto VUCA (Volátil, Incerto, Complexo, Ambíguo), muito visto hoje no mundo corporativo e nas relações de forma geral. "É uma metodologia que traz agilidade na resolução de problema (uma reunião dura cerca de 90 minutos), aproveitando o saber instalado em todos os participantes, tornando-os protagonistas e cocriadores das soluções. Enfatiza a importância da pergunta e não de declaração de saberes, criando a possibilidade de recriar as afirmações a partir da colaboração do outro", esclarece.

Os participantes refletem e aprendem com experiências individuais e coletivas, o que lhes permite perceber como seus pressupostos, crenças, atitudes, preferências e interesses influenciam suas emoções, pensamentos e ações. Segundo Helena, o engajamento, o questionamento produtivo e o empoderamento passam a ser naturais entre todos, favorecendo a inovação. As equipes se fortalecem e o protagonismo dos colaboradores se desenvolve. O conhecimento, principalmente o tácito, é compartilhado e enriquecido e os traços culturais podem ser reforçados ou modificados.

Para Luciana, "a experiência de um grupo de *Action Learning* cria uma mentalidade aberta à mudança contínua, dando condição às organizações e seus líderes de se adaptarem, aprenderem e inovarem com sucesso". Os elementos necessários para que uma reunião de *Action Learning* aconteça são:

Problema

O problema inicia uma reunião de *Action Learning*. Ao convidar os participantes para compartilharem problemas reais, urgentes e importantes, o *Action Learning* dá foco ao que querem aprender, criando condições para que conhecimentos armazenados e experiências vividas sejam o trampolim para a geração de novos conhecimentos.

Grupo

O saber instalado no grupo é fator fundamental para encontrar soluções criativas para o problema apresentado. Quanto mais diverso o grupo de participantes, melhores serão as condições para a exploração de vários pontos de vista, o que possibilitará que a solução encontrada seja muito mais completa e assertiva.

Perguntas

Em *Action Learning,* a ferramenta de trabalho são as perguntas. Elas liberam o potencial criativo dos participantes. Quanto mais genuínas e abertas forem as perguntas (perguntas sem uma hipótese ou julgamento prévio), mais oportunidade de aprendizagem para todos.

Plano de Ação

Aprender e agir são complementares. Portanto, toda reunião termina com um plano de ação viável. A resultante da ação é um importante retroalimentador do processo de solução do problema.

Aprendizagem

A resolução do problema central não é mais importante que a aprendizagem de indivíduos, grupos e organizações. Os participantes de *Action Learning* praticam escuta ativa, pensamento divergente, abertura para novos pontos de vista, entre várias outras competências relevantes. A empatia é um dos subprodutos do processo e ainda traz o benefício de facilitar o trabalho em equipe.

Coach

É o profissional, devidamente certificado pelo WIAL, que conduzirá a reunião, facilitando o processo e sendo guardião da metodologia. Ele atua fazendo perguntas, acreditando que o grupo é capaz de encontrar a melhor solução.

Já utilizamos o *Action Learning* algumas vezes aqui na Syntese e percebi resultados consideráveis. Acho que vale contar uma história vivida num cliente agrícola. Foi com os membros do RH da empresa Trebeschi Tomates, uma das maiores empresas produtoras desse alimento, localizada em Araguari/MG, além de outras duas unidades de negócio na região Sul e Nordeste do Brasil. Nos períodos de safra, a empresa chega a ter 1.500 funcionários no seu quadro.

O projeto *Action Learning* na Trebeschi fez parte de um ciclo de desenvolvimento do time. Em um dos encontros, foi apresentado o seguinte problema por uma participante: "Quero ir embora da empresa, porque não aguento mais meu chefe e o clima pesado".

Assim, a partir da apresentação dos problemas, iniciou-se o processo de *Action Learning* que está dividido em fases, sendo que a primeira foca explorar o problema. E foi isso que o grupo fez, sempre baseado em perguntas — esta é uma das regras: afirmações somente em respostas a perguntas. E todos podem perguntar a todos. Desse modo, após 20 minutos de discussão, o grupo chegou ao seguinte consenso com relação ao problema proposto: "Não sei lidar com as minhas emoções". Percebe-se, nessa nova afirmação, como o problema mudou de patamar à medida que foi sendo explorado, o que já comprova o efeito positivo do *Action Learning*.

É importante dizer que a participante que trouxe o problema ficou muito emocionada ao longo do processo, chorou demais, percebeu muitas questões que a afligiam. Foi impressionante a nova perspectiva que se abriu com relação ao problema e a sua solução durante a evolução do processo.

Ao final da fase "solução", a participante disse que foi ajudada, porque chegou no início da reunião com a decisão de sair da empresa. Depois, percebeu que o problema central não era o local onde trabalhava, mas o seu modo de ver a área e a vida. Um mês após esse encontro, conversei individualmente com ela e soube que havia recebido uma oportunidade em outro setor da empresa e estava muito feliz.

Investigação Apreciativa

No final de 2016, fomos convidados para facilitar um evento para quase 250 pessoas, em uma grande instituição financeira. O projeto foi destinado aos funcionários da universidade corporativa. Fizemos, como de costume, as reuniões de diagnóstico nas quais entrevistamos diversas pessoas. A seguir, construímos a proposta, totalmente baseada na Investigação Apreciativa (IA). Optamos por esse caminho por acreditarmos que não faria sentido trazer para o encontro questões críticas do negócio, à medida que isso poderia transformar o evento numa "lavagem de roupa suja". Assim, seguimos com o método criado pelo professor americano David Cooperrider.

A Investigação Apreciativa é uma forma cooperativa de buscar o melhor das pessoas, de suas organizações e do mundo ao redor delas. Envolve a descoberta sistemática do que dá vida à uma organização. Busca-se as possibilidades positivas, porém desconhecidas, inexploradas, em cada organização ou comunidade. Na Investigação Apreciativa, a intervenção cede lugar à investigação, imaginação e inovação. Em vez de negação, críticas e diagnósticos complicados, há descoberta, sonho e desenho de possibilidades.

O primeiro momento da IA é definir um tópico afirmativo. Conforme explica Cooperrider, esse é o ponto de partida e o aspecto estratégico mais importante de qualquer processo de IA. "Selecionar tópicos afirmativos é uma oportunidade para que os integrantes de uma organização estabeleçam um curso estratégico para o futuro. Todos os tópicos tornam-se uma agenda da organização para a aprendizagem, compartilhamento de conhecimento e ação. (...) Eles são escritos sob forma de perguntas que formam a base das entrevistas de descoberta. Eles servem como sementes para a base dos sonhos e como áreas de geração das proposições e adoção de ação na fase destino", esclarece. Assim, na prática, nosso tópico afirmativo definido com o cliente, na ocasião, foi "Qual propósito conecta nossa equipe?".

A IA está dividida em quatro grandes momentos, todos vivenciados com o cliente em questão. A primeira fase é a da **descoberta**. Nela, busca-se, no passado, somente as histórias de sucesso, os casos bem-sucedidos. Nesse cliente, separamos o grupo em quatro grandes setores, sendo cada um com aproximadamente 50 pessoas e dois facilitadores. O objetivo proposto foi que cada subárea da universidade apresentasse suas fortalezas, bem como os pontos de sinergia com os demais setores. Essa etapa ganhou mais vida à medida que as perguntas dentro dos grupos começavam a ganhar força.

A construção sólida da fase da **descoberta** preparou o grupo para o momento denominado **sonho**, que traz a inspiração para o futuro desejado. Para inspirar esse momento, trabalhamos com corte e costura na confecção dos mantos de um reino fictício que representavam o que aquele local tinha de melhor. Essa história ganhou ainda mais vida quando foi representada e contada por uma atriz, que apresentava os "desejos do rei". Foram mais de 20 mantos bordados e pintados pelos grupos. Porém, após terminados, a atriz que lia os pedidos do rei solicitou que o manto tivesse um pedaço de cada reino. Assim, 20 mantos viraram apenas um manto de retalhos que representava o sonho coletivo.

A próxima etapa da IA é o **planejamento**, por meio do qual se define os objetivos concretos a serem atingidos. A sugestão foi que cada grupo fizesse uma lista com ofertas e pedidos para apoiar o planejamento e a execução.

Por fim, chegamos ao **destino**, que busca a sustentação em longo prazo, incentivando as pessoas a se libertarem dos fatos negativos. Fizemos uma profunda reflexão sobre crenças que sustentam e limitam esse caminho. Por fim, construímos uma grande roda de tambores, sustentando a força do grupo para a conquista do futuro sonhado e desejado.

A Investigação Apreciativa é um caminho completamente conectado com o jeito ACP, pois cria condições de ajuda e protege o ambiente do julgamento, potencializando os resultados.

PowerPoint (O Ponto do Poder)

O *PowerPoint* — ponto do poder, na tradução literal — é bastante sugestivo como nome. Alguns o transformam em textos imensos, frases motivadoras e *bullet points* intermináveis.

Uma pergunta que sempre fazem é se o *PowerPoint (PPT)* está excluído da facilitação. Acredito que cada um achará o seu caminho.

Particularmente, utilizo pouco ou nada. Mas como qualquer recurso, quando bem utilizado, cumprirá o seu papel. O recurso só não pode ser mais importante que o grupo, o que muitas vezes acontece.

Na Syntese, o *PowerPoint* tem sido reduzido ao máximo. Nossa meta é "PPT zero". Outro dia, fui questionado quanto a esse posicionamento. A pergunta era mais ou menos esta: "Excluir o PPT não significa excluir aqueles que são visuais?". Minha resposta foi — e ainda é — a seguinte: "Temos lousas e *flip chart* para escrever, filmes para assistir, desenhos para projetar, creio que desse modo os visuais também são contemplados".

De qualquer forma, caso exponha alguma teoria ao grupo, sugiro a leitura em silêncio. Aprendi isso com o professor José Pacheco. Não preciso ler o *PowerPoint* para o grupo, ou escolher alguém que leia em voz alta. Caso todos sejam alfabetizados, deixo que cada um leia ao seu tempo e ritmo. Dois minutos de silêncio na sala não costumam fazer mal. Essa é uma decisão que também pode ser discutida com os participantes.

Paredes Vivas

O nome Parede Viva foi criado na Syntese. Durante os treinamentos, costumamos construir uma infinidade de materiais nos *flip charts*. São reflexões dos grupos, mapas mentais, desenhos, colagens etc. O fato é que esses materiais, quando afixados na parede, não podem ser meramente ilustrativos. Eles devem manter-se vivos ao longo de todo o treinamento, visto que são o retrato da construção coletiva. Além disso, apoiam a estrutura do treinamento, ajudando o grupo e o facilitador nas conexões e pontes ao longo do processo de aprendizagem. Do contrário, não servem para nada.

Talvez, a Parede Viva seja o mais importante recurso didático do facilitador ACP. Ela se alia à **Alegoria do Jardim**, retratando o pensamento do grupo ao longo da caminhada.

Um ponto de alerta: só retiro as Paredes Vivas da sala quando todos os participantes saem do ambiente de treinamento. Dói meu coração quando vejo instrutores rasgando ou retirando o material construído, quando há participantes na sala. Afinal, a parede viva é fruto do esforço do grupo e simboliza justamente a construção do conhecimento. Outra questão que vale ressaltar: quando não há mais espaço nas paredes e ainda temos treinamento adiante, sempre consulto o grupo sobre qual material vamos tirar da parede ou como reorganizaremos a sala.

Jogos

O professor e historiador Johan Huizinga, em 1938, escreveu seu livro *Homo Ludens*, cujo nome faz referência àquele que, na visão do autor, será o próximo passo da evolução após o *homo sapiens*, ou seja, o homem que brinca. Huizinga define jogo como "uma atividade voluntária exercida dentro de certos e determinados limites de tempo e espaço, segundo regras livremente consentidas, mas absolutamente obrigatórias, dotado de um fim em si mesmo, acompanhado de um sentimento de tensão e alegria e de uma consciência de ser diferente da vida cotidiana".

Na Syntese, os jogos são um elemento fundamental para a criação do ambiente facilitador, visto que a ludicidade ajuda a emergir do grupo questões chave vividas nas organizações. Quando escolhemos um jogo, é fundamental que ele converse com o **Fluxo da Facilitação**. Por exemplo, temos um programa de treinamento no Bradesco que tem como pano de fundo o *Pipeline* de Liderança (conceito do Indiano Ram Charan). Assim, escolhemos uma atividade que estimula a vivência em aspectos chave dessa teoria, como as habilidades de liderança e a alocação do tempo. A ideia desse jogo é promover um ambiente de concorrência entre os grupos que são formados na sala e que representam empresas, simulando a vida real com a hierarquia de um negócio (presidente, gerentes e operadores) e a entrega de produtos para um cliente (fictício) demandante. As possibilidades de aprendizagem são inúmeras e o CAV é essencial para dar nome a tudo aquilo que foi mobilizado emocionalmente, além de organizar os aprendizados para o dia a dia.

Acredito que a questão chave na escolha de um jogo é que ele deve fazer conexão e sentido com aquilo que está sendo proposto como pano de fundo do treinamento, bem como com a realidade dos participantes. Do contrário, corre-se o risco de ter o jogo pelo jogo, apenas para cobrir espaços vazios do treinamento.

World Café

> *"World Café é o processo que usamos quando queremos descobrir o que o coletivo sabe."*
>
> Chris Corrigan

O *World Café* é um processo participativo, aparentemente simples, que tem uma fenomenal capacidade de trabalhar a diversidade e a complexidade no grupo, fazendo emergir a inteligência coletiva. Trata-se de um processo de diálogo em grupos, nos quais participantes se dividem em diversas mesas e conversam em torno de uma pergunta central ou de diferentes perguntas. O processo é organizado de forma que os participantes circulem entre os diversos grupos e conversas, conectando e polinizando as ideias, tornando visível a inteligência e a sabedoria do coletivo.

Costumo utilizar com frequência essa atividade, por todas as razões apontadas acima. Ela é um caminho importante para os dilemas que surgem quando nós, facilitadores, estamos conectados ao grupo. Com essa atividade, é possível identificar se há divergências significativas entre os participantes e também pode ser uma forma de organizar as ideias e soluções dentro dos grupos.

Dinâmica do Aquário — *Fishbowl*

A atividade do aquário não tem correlação alguma com os aquários discutidos neste livro. Pelo contrário. O nome da atividade faz uma analogia a um aquário, que possui alguns peixes nadando e as pessoas ficam ao redor observando.

O *fishbowl* é uma técnica que auxilia na gestão de uma conversa entre um grupo de no mínimo seis e no máximo 50 participantes. Para promover essa dinâmica, as pessoas ficam sentadas em uma roda dentro da qual há algumas cadeiras. As cadeiras localizadas no centro da roda são, justamente, o espaço para quem quer falar sobre o tema previamente proposto. Quem está na roda, apenas ouve. Caso queira contribuir com o tema, o participante da roda deve se dirigir ao centro. Nesse momento, se todas as cadeiras do centro estiverem ocupadas, um dos participantes deve se levantar e voltar à plateia, dando lugar ao outro integrante. A atividade é uma maneira de ser inclusivo com todos os participantes, dando àqueles que queiram ir ao aquário a possibilidade de contribuírem com o tema.

Essa é uma experiência prática frequentemente utilizada nos treinamentos da Syntese. Apostamos no *fishbowl* porque é uma dinâmica que fortalece a voz do participante. Normalmente, nós a aplicamos como um recurso didático para debater questões do negócio, para fazer *debriefing* de palestras ou aulas expositivas e até mesmo para esvaziar os aprendizados de um jogo. Esvaziar é um termo que adotamos na Syntese para fazer referência à ação de mobilizar o grupo para nomear sentimentos e sensações que surgiram após uma dinâmica de grupo. É como um CAV, porém, mais simplificado.

Filmes e Textos (Cenas e Casos de Estudo)

A utilização de filmes (recortes de cenas ou entrevistas) tem grande poder didático. Esse é um recurso que ajuda a fortalecer um conceito, uma vivência, um pensamento ou uma discussão. Toda vez que utilizo um filme no processo de facilitação, faço uma breve explanação sobre aquilo que será projetado. A contextualização ajuda o participante do treinamento a focar aquilo que é relevante para o debate vigente. Deixar um filme solto na facilitação, sem esse zelo, interfere diretamente na aprendizagem.

É importante tomar cuidado na escolha de um filme, para que ele faça sentido no processo. Ele não pode ser um elemento solto ou para completar um espaço vazio. Também não pode ser muito longo, já que isso dispersa o grupo. Normalmente, quando passo um filme, registro minhas ideias na lousa ou *flip chart*, o que ajuda na estruturação do debate. Dependendo do filme, fazemos um *debriefing* para colher os aprendizados e conexões com o dia a dia. Isso pode ser feito por meio de uma breve discussão em grupos, trios ou duplas e, depois, aberto em plenária. É uma decisão do facilitador em conjunto com o grupo.

O processo de escolha de um texto, ou um caso de estudo, deve ser o mesmo adotado para o trecho do filme. Esses "recortes" trazidos para a sala de treinamento precisam estar carregados de sentido, já que têm a função de propor novas referências, apoiar a construção dos conceitos ou questões vividas pela empresa.

Design Thinking

Na essência, o *design thinking* não é uma ferramenta, e sim uma abordagem. Contudo, optei por deixar neste capítulo, pois é um jeito criativo e dinâmico de dar apoio aos processos de desenvolvimento, além de ser muito conectado à ACP. Essa abordagem busca a solução de problemas de forma coletiva e colaborativa. Nesse processo, as pessoas são colocadas no centro de desenvolvimento do produto.

O processo consiste em tentar mapear e mesclar a experiência cultural, a visão de mundo e os processos inseridos na vida dos indivíduos, no intuito de obter uma visão mais completa na solução de problemas. Normalmente, é utilizada para desenvolvimento de produtos, serviços e solução de problemas. Há uma série de formatos, mas de maneira geral, esse jeito sugere ciclos de pensamento divergente e convergente. A proposta é sempre trabalhar em grupos, utilizando *post-its* e deixando fluir as sessões de palpites ou *brainstorming*, e reservando tempo e energia para as ações — o concreto.

As etapas do *design thinking* podem, em geral, ser resumidas pelos seguintes passos:

1. Imersão — identificar onde encontrar oportunidades de inovação;
2. Análise e síntese — organizar e criar padrões identificáveis, dentro de uma lógica que permita a compreensão do problema em questão;
3. Ideação — é a fase onde o perfil de um público-alvo é definido, aqueles que serão "servidos" pelas soluções criadas a partir de ideias inovadoras para um tema do projeto em questão;
4. Testar as ideias — protótipos — é o momento que ideias abstratas ganham conteúdo formal e material;
5. Implementar a solução.

Seguem algumas sugestões de locais para aqueles que queiram aprofundar o conhecimento nesse tema:

- IDEO — *The Design Thinking Company*
- Stanford Univesity — *Design Thinking Action Lab*
- Escola *Design Thinking* — há uma imersão em *Design Thinking*

Parênteses Três para Falar dos Peixinhos Aqui de Casa

Recentemente, estive na praia com minha família, mais especificamente a lotada Praia Grande, localizada no litoral sul paulista. Era feriado e talvez não seja difícil imaginar o cenário das areias ao final do dia. Foi nesse cenário que desenrolou a conversa com meu peixinho Felipe, enquanto caminhávamos na beira do mar.

— Pai, esta praia é muito suja!

— Por que você acha que é assim?

— Não sei. Não entendo.

— O que não entende?

— Por que as pessoas brincam, comem, nadam aqui e mesmo assim sujam o lugar onde ficam?

— Como você resolveria isso, filho?

— Falaria para eles jogarem o lixo no lixo, senão vai estragar o planeta.

— E o que acontece se estragar o planeta?

— A gente não terá onde morar! Fico pensando se eles fazem isso na casa deles.

— Não sei... — respondi.

— Pai, temos de ajudar a salvar o planeta.

A conversa acabou cheia de reflexões. E uma vontade imensa de ajudar a mudar o mundo.

Parênteses Finais para Falar dos Peixinhos Aqui de Casa

Meus peixinhos contribuíram muito para este livro, fazendo perguntas transformadoras e gerando grandes reflexões. Na minha visão, eles são a alma daquilo que acredito como ACP.

Outro dia, circulando de carro no centro de São Paulo, um bate-papo saboroso e repleto de curiosidade. Dessa vez, Manuela e Felipe protagonizaram esse papo.

— Pai, por que tem tanta gente dormindo na rua? — perguntou Manuela, incomodada.

— Por que você acha, filha?

— Porque eles não têm casa e devem ser muito pobres.

Felipe também entra na conversa:

— Eu acho que a gente poderia ajudar eles.

— Como?

— Poderíamos dar uma casa para eles dormirem.

— Como você acha que isso ajudaria eles?

— Ficariam mais quentinhos.

Já Manuela propôs o seguinte:

— Eu quero dar para eles o meu cofrinho com moedas e os meus brinquedos.

— E como isso ajudaria?

— Eles teriam dinheiro para comer e as crianças coisas para se divertir.

— Mas resolveria o problema?

— Acho que não pai, porque são muito pobres, mas não sei o que fazer. — disse Felipe, que completou com uma pergunta poderosa:

— Pai, uma pessoa que nasce pobre tem chance de não ser mais pobre?

— O que você acha?

— Acho que tem pouca chance.

O final desse papo foi um grande e profundo silêncio.

Espero que as conversas com os meus peixinhos tenham ajudado e despertado no leitor e na leitora o olhar para a riqueza daquilo que perdemos: a pureza e a genialidade das crianças.

Capítulo 6

~*~*~

Despropósitos

Foi ao apagar das luzes que escutei a poesia *O Menino que Carregava Água na Peneira*, do poeta cuiabano Manoel de Barros. Ela reflete o despropósito deste livro. Sim, você leu certo, o despropósito! Ouvi esses versos do professor Ciro Figueiredo, diretor do Colégio Friburgo, na formatura dos alunos do terceiro ano do ensino médio no final de 2017. Foi como um sopro de esperança para aqueles jovens: "Preencham os vazios", disse Ciro, emocionado ao finalizar a leitura da poesia.

Fiquei pensando nos meus vazios internos e externos. Talvez naqueles vazios que podemos ajudar a preencher, nos espaços que existem num mundo tão polarizado, dolorido e cheio de ódio. Há muito espaço vazio para ajudar a criar condições para mudar o mundo. Acredito que a educação seja um instrumento essencial e, quando tem o amor como seu ingrediente principal, ela ocupa esses espaços vazios, apoiando na ampliação dos horizontes e possibilitando melhores escolhas.

Sugiro que saboreie cada palavra, cada verso, desta linda poesia de Manoel de Barros.

O Menino que Carregava Água na Peneira

Tenho um livro sobre águas e meninos.
Gostei mais de um menino
que carregava água na peneira.

A mãe disse que carregar água na peneira
era o mesmo que roubar um vento e sair
correndo com ele para mostrar aos irmãos.

A mãe disse que era o mesmo que
catar espinhos na água.
O mesmo que criar peixes no bolso.

O menino era ligado em despropósitos.
Quis montar os alicerces de uma casa sobre orvalhos.

A mãe reparou que o menino
gostava mais do vazio
do que do cheio.
Falava que vazios são maiores
e até infinitos.

Com o tempo aquele menino
que era cismado e esquisito
porque gostava de carregar água na peneira.

Com o tempo descobriu que escrever seria
o mesmo que carregar água na peneira.

No escrever o menino viu
que era capaz de ser
noviça, monge ou mendigo
ao mesmo tempo.

O menino aprendeu a usar as palavras.
Viu que podia fazer peraltagens com as palavras.
E começou a fazer peraltagens.

Foi capaz de modificar a tarde botando uma chuva nela.
O menino fazia prodígios.

Até fez uma pedra dar flor!
A mãe reparava o menino com ternura.

A mãe falou:
Meu filho você vai ser poeta.
Você vai carregar água na peneira a vida toda.
Você vai encher os
vazios com as suas
peraltagens
e algumas pessoas
vão te amar por seus
despropósitos.

Boa Esperança

> *"A esperança é um dom*
> *Que eu tenho em mim, eu tenho sim"*
>
> Peninha

Comecei este livro na experiência que vivi intensamente na África do Sul. Escolhi a cela de Nelson Mandela para começar a construção desta jornada, refletindo e aprendendo sobre a vida desse grande líder. Um homem que ficou preso por mais de 25 anos e que tinha a mente livre. E eu, um homem livre que tenho muitas vezes a mente presa às minhas crenças. Agora, gostaria de encerrar com outra aprendizagem colhida em solo sul-africano.

Quando estive no Cabo da Boa Esperança, localizado ao sul da Cidade do Cabo, fiquei interessado em conhecer um pouco mais a história do local e dar maior significado àquilo que aprendi nas aulas de história.

O Cabo, antes de os portugueses o dobrarem pela primeira vez, tinha o nome de Cabo das Tormentas. Isso porque naquele lugar venta muito, muito mesmo. Senti de perto. Muitas embarcações estão ali naufragadas, já que o mar é muito turbulento, representando um enorme problema para a tecnologia marítima da época.

No final do século XV, 1488, o navegador português Bartolomeu Dias chegou à região com sua tripulação, enfrentando vários dias de severas tempestades que colocaram em risco a sobrevivência da expedição. Apesar das dificuldades, ele foi o primeiro navegador a superá-las e a dobrar o Cabo das Tormentas. Ao dobrá-lo, deparou-se com uma baía e uma rota muito desejada. E a tormenta virou esperança. O Cabo da Boa Esperança.

Fico pensando que a educação que defendo neste livro possa se parecer com a experiência dos portugueses. O que me enche de alegria é saber que do outro lado deve haver esperança. Uma baía de águas calmas, límpidas e repleta de oportunidades.

Despedida

> *"Já está chegando a hora de ir*
> *Venho aqui me despedir e dizer*
> *Em qualquer lugar por onde eu andar*
> *Vou lembrar de você*
> *Só me resta agora dizer adeus*
> *E depois o meu caminho seguir*
> *O meu coração aqui vou deixar*
> *Não ligue se acaso eu chorar*
> *Mas agora adeus"*
>
> Erasmo Carlos & Roberto Carlos

Começo aqui a me despedir do caro leitor e leitora que dedicou tempo e carinho para esta jornada de aprendizagem. Quero compartilhar com você, que foi uma incrível experiência escrever este livro, junto com a minha querida e dedicada *ghost writer* Thays Aldrighe, imprescindível nesta caminhada.

Ouvi histórias de estudantes, professores, clientes e facilitadores. Tive a oportunidade de conversar nos meus sonhos com Carl Rogers, Paulo Freire e Nelson Mandela. Observar e vivenciar alguns medos, crenças arraigadas, algumas mesquinharias e até certo temor. Viajei por conceitos sedimentados e os sonhos das crianças, meus peixinhos lá de casa, aqueles que representam o novo, o futuro, e para quem dediquei este livro.

Amei cada sílaba. Fui congruente com os meus sentimentos. Expressei o meu ponto de vista, sem nenhuma pretensão que isso seja uma verdade. Escrevi com o coração. Deixei fluir. E aconteceu.

Acredito que este livro esteja em movimento. Vivo. Ele continuará sua atualização ao longo do tempo. Provavelmente, a cada leitura, eu o verei de maneira diferente. E, muito provavelmente, o leitor e leitora também. Não tenho apego por aquilo que foi escrito aqui e acredito que a tendência atualizante atuará sobre o livro, transformando-o em outra coisa ao longo do tempo. Cada um que ler criará seus caminhos, utilizará aquilo que quiser e mudará aquilo que achar conveniente.

Contudo, não posso negar: tenho uma ambição. Gostaria que este livro se tornasse uma ferramenta útil para alguns educadores, profissionais de Recursos Humanos e aqueles que criam condições de ajuda para pessoas no mundo escolar ou corporativo.

Sei que toda a prática aqui proposta está relacionada a um "jeito de ser ACP". Esse "jeito" está em consonância com os meus valores e as minhas crenças. Confiar nas pessoas e trocar o controle pela liberdade com responsabilidade não são coisas fáceis de atingir. Para isso acontecer, não há regras, não há modelos, não há método. É jeito. Ou se tem, ou não se tem.

Ao Conhecer Carl Rogers, Pude Me Conhecer

Por Thays Aldrighe, *ghost writer* deste livro

Quando aceitei o desafio de ajudar o Alexandre a escrever este livro, sinceramente, questionei a minha capacidade de lidar com um conteúdo tão extenso. Sou jornalista e vivo da escrita. Mas confesso que nunca havia entregue um trabalho tão imenso e intenso. Imenso, porque, afinal, é um livro. Intenso, porque, para escrevê-lo, foi preciso mergulhar no mundo de Carl Rogers, o que me levou a um mergulho para dentro de mim mesma.

Já havia feito a formação de facilitadores na Syntese e foi lá que uma transformação começou a surgir na minha mente e no meu espírito. Dar de cara com a ACP é algo inerente ao curso. Agora, aceitá-la, encará-la e incorporá-la é somente para os fortes. Desculpem a ousadia. Mas é a pura verdade. Há que se ter força para se livrar dos julgamentos; para aprender a dizer sim ou não, para verbalizar seus sentimentos e vontades, sendo congruente consigo e respeitando o impacto disso em quem te ouve.

Bom, preciso dizer que, no decorrer do trabalho deste livro, voltei à terapia. Por sorte, a terapeuta tem formação humanista, mas eu não sabia até então, pois minha ignorância não me permitiu enxergar essa condição dela, quando me atendeu inúmeras vezes no passado. Só soube que ela era discípula de Carl Rogers, e entendi muitos dos seus conselhos e conceitos, depois de lhe dizer que tinha sido justamente ele (na figura do Marcos, do Alexandre, da Sandra, do Shima, do Renato e de tantas outras pessoas transformadoras que conheci nessa jornada) o motivo do meu retorno às sessões.

Parece que, a partir daí, a contribuição do processo terapêutico se tornou mais intensa na minha vida. Tenho procurado me reposicionar em todas as minhas relações, com meu paciente marido (com quem às vezes, confesso, querer praticar a ACT — Abordagem Centrada na Thays...rs), meus clientes, parceiros e amigos. Estou só no começo, vivendo um verdadeiro turbilhão emocional e completamente apegada à crença de que o melhor caminho é aquele que te leva ao seu propósito.

Tanto que, além de estar cada vez mais próxima da Syntese — lugar de onde não pretendo sair — acabei de conquistar como cliente para a minha consultoria um grande instituto que atua em todo Brasil na área de educação. Isso para mim é uma vitória dupla. Primeiro, porque é um instituto de renome e expõe minha empresa em uma bela vitrine, digna de dar orgulho a esta empreendedora aqui. Segundo, porque colocar os meus conhecimentos em comunicação a favor da educação não é uma mera coincidência do destino. É, não tenho dúvidas, fruto de uma energia canalizada para as minhas crenças e valores, sendo alguns deles clareados após a Syntese ter entrado no meu caminho.

Analisando minha história, dei-me conta de que a semente desse cultivo nasceu quando eu estava na quinta série na escola pública. Eu me lembro que uma professora de Ciências disse para a classe que a gente tinha de pensar em como gostaríamos de deixar a nossa marca no mundo. E olha que nessa época eu já sabia que seria jornalista. Não me perguntem por quê. Mas eu sabia e dizia. Achava que tinha jeito para a coisa e que seria uma forma de ajudar a mudar o mundo, compartilhando histórias, informação e conhecimento. E olha eu aqui, aonde esse sonho me trouxe.

Desde então, essa vontade de fazer a diferença me persegue. Este livro me ajudou a dar um grande passo nessa direção. Sou muito grata por fazer parte dessa construção inovadora e disruptiva que a Syntese está fazendo no mundo da educação corporativa. Cada conversa, cada entrevista, cada leitura, cada reunião para este projeto fez de mim uma pessoa melhor. Evoluí. Atualizei-me mais do que nunca, num espaço de tempo tão curto que causou medo. No começo, chorava de angústia. Hoje, choro de ternura.

E, juro, não é papo de quem "abraça árvore", expressão que já ouvi por aí como referência a quem é distante da realidade e vive no mundo das ideias. Aliás, sou virginiana pragmática e controladora. Imaginem o que essa tal de ACP fez — e está fazendo — com a minha cabeça. Confiar é um exercício. Isso é coisa que minha terapeuta já me dizia no passado: "Confia. Faça sua parte e confia que o resto virá".

Oh, coisa difícil de fazer. Confiança pressupõe muitos desprendimentos; exige que nos livremos das amarras que se tornaram padrões no nosso comportamento; faz com que entendamos que não somos os únicos seres pensantes e com inteligência na face da terra. Sabe aquela pessoa centralizadora que acredita que só ela é capaz de fazer bem feito? Então. Se você é assim, como consolo te conto que já fiz parte desse clube de forma brutal. Mas quando começamos a praticar o compartilhamento do pensar, do fazer, do decidir, do agir, de forma legítima, os benefícios são muitos. Todas as partes envolvidas ganham, as relações se fortalecem e o elo da confiança se estabelece. É simples. Vai por mim.

Eu vi, eu ouvi, eu senti. A facilitação ACP existe e funciona. O jeito ACP existe e funciona. Agora que conheci esse caminho, posso garantir que é sem volta. Para vocês terem uma ideia de como o universo sempre conspira a favor, na última semana em que estava trabalhando no conteúdo do livro, recebi da minha terapeuta uma mensagem de texto que trazia uma frase da filósofa Viviane Mosé: "Lúcido deve ser parente de Lúcifer. A faculdade de ver deve ser coisa do demônio. Lucidez custa os olhos da cara". Eu pago! E você?

Obrigada, Alexandre Moreno. Gratidão.

Cronologia da Vida de Carl Rogers

~*~*~

1902 — Carl Ransom Rogers nasceu em 8 de janeiro, em *Oak Park, Ilinois*, EUA. Era de família protestante, em que os valores tradicionais e religiosos, juntamente com o incentivo ao trabalho duro, eram amplamente cultivados.

1924 — Graduou-se na Universidade de Wisconsin. Após ter obtido a licenciatura em História, matriculou-se no Seminário da União Teológica, em Nova Iorque. Não tendo aceitado ajuda financeira do pai, trabalhou, inicialmente, em instituições eclesiásticas no ensino religioso para poder sustentar economicamente a família, pois havia se casado e tinha já dois filhos. Nessa instituição, frequentou cursos na faculdade de Psicologia, tendo contatos com psicólogos como Goodwin Watson e William Kilpatrick, que muito o impressionaram. Tomou consciência de que não tinha vocação para o ministério pastoral, apesar de ter realizado estágio como pastor substituto numa das paróquias da cidade de *Vermont*. Transferiu-se para o *Teachers' College* da Universidade de Columbia, para frequentar o curso de Psicologia Clínica e Psicopedagogia. Recebeu aí grande influência da filosofia de John Dewey. Essa filosofia terá um grande impacto na evolução das suas ideias. Foi aí que obteve os títulos de Mestre (1928) e Doutor (1931).

1926 — Conseguiu um lugar de interno no Instituto de Aconselhamento (*guidance*) Infantil, recém-criado pelo Fundo Comunitário de Nova Iorque. Ocorre aí uma de suas primeiras desavenças com os psiquiatras, pois a instituição queria pagar-lhe não o valor do contrato, mas a metade, pelo fato de ser psicólogo. Conseguiu, porém, ser pago em igualdade com os psiquiatras.

1929 — Teve início seu trabalho de 12 anos como diretor do Centro de Observação e Orientação Infantil da Sociedade para a Prevenção da Crueldade sobre as Crianças, em *Rochester*. Entrou em contato com Otto Rank, que muito o marcou pela sua prática terapêutica — mais do que pelas suas teorias. Recebeu um grande impacto da obra de Jessie Taft, *The Dynamics of Therapy in a Controlled Relationship*, publicada em 1933. Progressivamente, Rogers abandonou uma orientação diretiva ou interpretativa, optando por uma perspectiva mais pragmática de escuta dos clientes, numa posição que antecipou o que mais tarde denominou de Orientação Não Diretiva em terapia.

1935 — Começou a trabalhar no *Teachers' College*, no qual lecionou por vários anos nos departamentos de Sociologia e Psicopedagogia. Só muito mais tarde, perto de deixar *Rochester*, o departamento de Psicologia o reconhecerá como psicólogo e como docente. Em 1938, quando se trata de escolher um diretor para o centro em que trabalhava e que se expandira, apesar de todos estarem satisfeitos com o trabalho que desenvolvia, propuseram para o cargo de diretor um psiquiatra. Rogers enfrenta essa luta e é nomeado o primeiro diretor do novo Centro de Aconselhamento de *Rochester*. Foi nesse período que começou a cultivar suas novas ideias, tendo desenvolvido novas formas de pensar a prática psicoterapêutica: muito diferentes das abordagens acadêmicas convencionais. Recebeu críticas e contestações ao que propunha.

1939 — Publicou o seu primeiro livro: *O Tratamento Clínico da Criança-Problema*. Expôs o essencial das suas reflexões e pesquisas realizadas até aquele momento. Passa a ser mais conhecido como psicólogo clínico (Rogers pediu no futuro desculpas por ter escrito esse livro). Foi convidado para atuar como professor catedrático da Universidade do Estado de Ohio, ficando sob sua responsabilidade a cadeira de "Técnicas de Psicoterapia". Apresentou sua abordagem terapêutica como "as novas" ou "mais recentes terapias", por oposição às "antigas". Introduziu o ensino e a prática da Psicoterapia e, também, procedimentos de supervisão e a utilização da gravação integral das entrevistas e de tratamentos completos, como parte da metodologia de investigação sobre os processos terapêuticos. Um ponto alto de reações e, por conseguinte, de ampliação de sua tomada de consciência, ocorreu quando de uma conferência (*Novos Conceitos em Psicoterapia*) na Universidade de Minnesota, no dia 11 de dezembro de 1940. Nela, afirmava, entre outras coisas, que "o alvo da nova terapia não é resolver um problema particular, mas ajudar o indivíduo a crescer, de maneira que ele possa fazer face, de uma maneira mais bem integrada, ao problema atual e aos problemas que mais tarde apareçam (...); ela baseia-se muito mais na tendência individual para o crescimento, saúde e adaptação...". Afirmava, ainda, que "esta nova terapia põe mais ênfase nos elementos emocionais, nos aspectos emocionais da situação, do que nos aspectos intelectuais...". E mais: "esta nova terapia dá maior ênfase à situação imediata do que ao passado do indivíduo...".

1942 — Publicou o livro *Aconselhamento e Psicoterapia*, grande sucesso no meio profissional, ainda que pouco mencionado na grande imprensa.

1945 — Tornou-se professor de Psicologia na Universidade de Chicago e secretário executivo do Centro de Aconselhamento Terapêutico, onde elaborou e definiu seu método de terapia centrada no cliente.

1949 — Ocupou a cátedra de Psicologia da Universidade de Ohio. No período de 1945 a 1957, publicou extensa bibliografia, na qual deve ser salientado o livro *Terapia Centrada no Cliente*, ponto alto de suas reflexões na área.

1957 — Publicou um dos seus mais importantes artigos: *As Condições Necessárias e Suficientes para Mudança Terapêutica da Personalidade*. Passou a ensinar na Universidade de Winconsin, onde permaneceu até 1963.

1961 — Publicou o livro *Tornar-se Pessoa*, que rapidamente se tornou um *best-seller* mundial.

1964 — Passou a participar do Centro de Estudos da Pessoa, em *La Jolla*, Califórnia, entrando em contato com outros teóricos humanistas, como Maslow, e filósofos, como Buber e outros.

1966 — Um fato curioso ocorreu: em um filme, *Journey into Self*, produzido por Bill McGaw, que é premiado com o Oscar de documentário de longa duração, é apresentado, na íntegra, uma sessão de grupo de encontro facilitada por Carl Rogers.

1967 — Publicou o livro *A Relação Terapêutica e o Seu Impacto*. Dirigiu, de maneira enfática, a atenção para o campo da educação, propondo uma pedagogia experiencial e centrada no aluno. Essas suas ideias são apresentadas em um grande número de trabalhos de pesquisa que se encontram parcialmente reunidos em dois importantes livros: *Liberdade para Aprender*, publicado em 1969, e *Liberdade para Aprender nos Anos Oitenta*, publicado em 1983. O essencial das suas ideias no campo educacional consiste na afirmação de que os alunos aprendem melhor, são mais assíduos, mais criativos e mais capazes de solucionar problemas quando os professores proporcionam o clima humano e de facilitação que ele propõe.

1970 — O livro *Grupos de Encontro* é publicado.

1977 — Publicou *Poder Pessoal*.

1980 — Publicou *Um Jeito de Ser*. Neste livro, Rogers acentua suas posições contrárias a todo tipo de relações autoritárias de poder na família, na escola e na sociedade e propõe, em seu lugar, um modelo de relacionamento voltado à compreensão da pessoa e do existir a partir da confiança.

1987 — Em 4 de fevereiro, faleceu Rogers, aos 85 anos de idade, em *La Jolla*, tendo trabalhado intensamente até essa data.

Filmes e Séries: Um Oceano de Inspirações

~*~*~

Ao Mestre, com Carinho

Um engenheiro aceita lecionar numa escola barra-pesada em Londres, onde se depara com um grupo de adolescentes rebeldes, determinados a expulsá-lo do cargo. Tratados com respeito, os alunos abandonam o comportamento hostil, afeiçoando-se ao mestre.

O Aluno

Maruge lutou pela liberdade de seu país, foi preso e torturado. Aos 83 anos, fazendo-se valer de um discurso do Presidente do Quênia que garante educação para todos, Maruge decide se matricular numa escola primária. Como a escola possui mais crianças do que sua estrutura precária suporta, sua matrícula é negada e ele precisa insistir muito até ser aceito. Porém, ao começar a estudar, a atitude de Maruge gera revolta e indignação na comunidade, colocando sua segurança em risco.

A Voz do Coração

Pierre Morhange (Jacques Perrin) é um famoso maestro que retorna à sua cidade natal ao saber do falecimento de sua mãe. Lá, ele encontra um diário mantido por seu antigo professor de música, Clémente Mathieu (Gérard Jugnot), através do qual passa a relembrar sua própria infância, mais exatamente a década de 40, quando passou a participar de um coro organizado pelo professor e que terminou por revelar seus dotes musicais.

Sete Minutos Depois da Meia-Noite

O garoto Conor tem muitos problemas na vida. Seu pai é muito ausente, a mãe sofre de um câncer em fase terminal, a avó é uma megera e ele é maltratado na escola pelos colegas. No entanto, todas as noites, Conor tem o mesmo sonho, com uma gigantesca árvore que decide contar histórias para ele, em troca de escutar as histórias do garoto. As conversas com a árvore ajudam Conor a escapar das dificuldades através do mundo da fantasia.

Humano

Com testemunhos e imagens aéreas exclusivas, o introspectivo documentário aborda quem nós somos hoje em dia, não só como comunidade, mas como indivíduos. Através das guerras, discriminações e desigualdades, confrontamos a realidade que também contempla discursos de solidariedade. Uma reflexão do futuro que queremos para nós, seres humanos, e o planeta.

Merlí

É uma série sobre um professor de filosofia que, usando alguns métodos pouco ortodoxos, incentiva seus alunos a pensarem livremente — dividindo as opiniões de alunos, professores e famílias. Cada episódio do programa tem o nome de um filósofo e suas ideias guiarão ações e diálogos. DICA: o filósofo e educador, Renato Janine Ribeiro, criou a página no Facebook "Merlí e a filosofia no ensino médio" para discutir a série do Netflix. Vale muito a pena!

Quando Sinto que Já Sei

Por que toda aula tem de ser assim? Por que não mudar? Diretores, professores, pais e alunos questionam, há anos, os motivos que levam ao distanciamento entre a sala de aula e o mundo exterior. Diante do medo do vestibular e do mercado de trabalho, a discussão nem sempre avança e o modelo permanece o mesmo. Mas ao redor do país, várias iniciativas começam a mudar esse quadro com ousadia resultante do contato entre escola e comunidade. Saem as grades, as paredes e abre-se espaço para o diálogo. Esse é o ambiente do documentário, idealizado pelo empreendedor social Antonio Sagrado Lovato.

Sociedade dos Poetas Mortos

O novo professor de Inglês John Keating é introduzido em uma escola preparatória de meninos que é conhecida por suas antigas tradições e alto padrão. Ele usa métodos pouco ortodoxos para atingir seus alunos, que enfrentam enormes pressões de seus pais e da escola. Com a ajuda de Keating, os alunos Neil Perry, Todd Anderson e outros aprendem como não ser tão tímido, seguir seus sonhos e aproveitar cada dia.

Living on One Dollar

O que você faria com um dólar por dia? Como viveria? Zach Ingrasci e Chris Temple quiseram experimentar a sensação, não pela aventura, mas para alertar para um fato: é assim que vivem cerca de 1,1 bilhão de pessoas em todo o mundo. É nesse contexto que quatro amigos americanos viajam para a Guatemala com o objetivo de vivenciar a extrema pobreza, durante dois meses.

O Sorriso de Monalisa

Katherine Watson, recém-formada na UCLA, foi contratada, em 1953, para lecionar História da Arte na prestigiosa *Wellesley College*, uma escola só para mulheres. Determinada a confrontar valores ultrapassados da sociedade e da instituição, Katherine inspira suas alunas tradicionais, incluindo Betty e Joan, a mudarem a vida das pessoas como futuras líderes que serão.

MR. Holland — Adorável Professor

Em 1964, um músico (Richard Dreyfuss) decide começar a lecionar para ter mais dinheiro e, assim, se dedicar a compor uma sinfonia. Inicialmente, ele sente grande dificuldade em fazer com que seus alunos se interessem pela música e as coisas se complicam ainda mais quando sua mulher (Glenne Headly) dá à luz um filho surdo. Para poder financiar os estudos especiais e o tratamento do filho, ele se envolve cada vez mais com a escola e seus alunos, deixando de lado seu sonho de tornar-se um grande compositor.

Nise — O Coração da Loucura

Nos anos 1950, uma psiquiatra contrária aos tratamentos convencionais de esquizofrenia da época é isolada pelos outros médicos. Ela então assume o setor de terapia ocupacional, onde inicia uma nova forma de lidar com os pacientes, pelo amor e a arte.

A Educação Proibida

Documentário que se propõe a questionar as lógicas da escolarização moderna e a forma de entender a educação, mostrando diferentes experiências educativas, não convencionais, que propõem a necessidade de um novo modelo educativo.

O Invasor Americano

Em uma trama em que Michael Moore é escalado pelo exército americano para roubar boas ideias que possam melhorar a vida nos Estados Unidos, ele vai a vários países europeus para conhecer suas políticas públicas, entre elas, as da área educacional e as relativas ao sistema prisional.

Escritores da Liberdade

Uma jovem e idealista professora chega a uma escola de um bairro pobre, que está corrompida pela agressividade e violência. Os alunos se mostram rebeldes e sem vontade de aprender, e há entre eles uma constante tensão racial. Assim, para fazer com que os alunos aprendam e também falem mais de suas complicadas vidas, a professora Gruwell (Hilary Swank) lança mão de métodos diferentes de ensino.

Entre os Muros da Escola

François Marin trabalha como professor de língua francesa em uma escola, localizada na periferia de Paris. Ele e seus colegas de ensino buscam apoio mútuo na difícil tarefa de fazer com que os alunos aprendam algo ao longo do ano letivo. Marin tem na escola alunos problemáticos, violência, tensões étnicas entre os alunos, o que testa sua paciência e, mais importante, sua determinação como um educador.

Nunca Me Sonharam

Os desafios do presente, as expectativas para o futuro e os sonhos de quem vive a realidade do Ensino Médio nas escolas públicas do Brasil. Na voz de estudantes, gestores, professores e especialistas, *Nunca Me Sonharam* reflete sobre o valor da educação.

A Bailarina

Uma sonhadora menina órfã toma uma atitude arriscada: fugir para Paris e realizar o sonho de ser uma grande bailarina. Lá, ela decide se passar por outra pessoa e consegue uma vaga no *Grand Opera*, onde vai aprontar muitas aventuras e revelar o poder da busca por um propósito.

MANDELA — O Caminho para a Liberdade

Inspirado na autobiografia de Nelson Mandela, lançada em 1994, o filme retrata todo o percurso traçado pelo líder sul-africano a partir de seu próprio ponto de vista, desde a sua infância, vivendo em uma pequena aldeia rural, até a eleição democrática ao cargo de Presidente da República da África do Sul. Em uma luta constante pelo fim do *Apartheid* no país, Mandela chegou a passar 27 anos em cárcere pelo que acreditava.

A História de Um Garoto com Fome (Toast)

Nigel (Oscar Kennedy e Freddie Highmore) sempre teve fascínio pela culinária, mas sua mãe (Victoria Hamilton) não era nada prendada na cozinha. Após sua doença e morte, o pai de Nigel (Ken Stott) contrata uma faxineira, vivida por Helena Boham Carter, que disputará com Nigel a atenção do pai e os dotes culinários. A história fala sobre as carências, perdas e descobertas de um menino que, mesmo com poucos referenciais, consegue encontrar o seu caminho.

As Vantagens de Ser Invisível

Charlie (Logan Lerman) é um estudante depressivo de 15 anos que precisa lidar com o suicídio de seu melhor amigo e com a descoberta de seu primeiro amor, Sam (Emma Watson).

O Homem que Viu o Infinito

Uma verdadeira história de amizade que mudou a matemática para sempre. Em 1913, Ramanujan, um gênio da matemática autodidata da Índia, viaja para o Colégio Trinity, na Universidade de Cambridge, onde se aproxima do seu mentor, o excêntrico professor GH Hardy, e luta para mostrar ao mundo o brilho da sua mente.

O Farol das Orcas

Baseado em fatos reais, o roteiro fala de um biólogo marinho, Beto Bubas, que vive na Patagônia argentina, mais propriamente na península de Valdes, a estudar baleias orcas. Em um determinado dia, Beto encontra na porta de sua casa uma mãe espanhola com seu filho pequeno, Tristan, um menino autista, que, ao ver um documentário de Beto na TV, esboçou reações nunca antes esboçadas. A mãe do garoto viajou o mundo para encontrar o biólogo, a fim de ajudar o filho a se comunicar através do contato com as orcas.

Lion: Uma Jornada para Casa

Um garoto de cinco anos se perde do irmão mais velho em uma estação de trem em Calcutá, na Índia, e passa a viver nas ruas do país, até ser adotado por uma família australiana. Anos mais tarde, ele passa a ser atormentado por lembranças do passado e decide ir em busca de sua família biológica. História verídica.

Preciosa

1987, Nova Iorque, bairro do Harlem. Claireece "Preciosa" Jones (Gabourey Sidibe) é uma adolescente de 16 anos que sofre uma série de privações durante sua juventude. Violentada pelo pai (Rodney Jackson) e abusada pela mãe (Mo'Nique), ela cresce irritada e sem qualquer tipo de amor. O fato de ser pobre e gorda também não a ajuda nem um pouco. Além disso, Preciosa tem um filho apelidado de "Mongo", por ser portador de síndrome de Down, que está sob os cuidados da avó. Quando engravida pela segunda vez, Preciosa é suspensa da escola. A Sra. Lichtenstein (Nealla Gordon) consegue para ela uma escola alternativa, que possa ajudá-la a melhor lidar com sua vida. Lá, Preciosa encontra um meio de fugir de sua existência traumática, refugiando-se em sua imaginação

Os Meninos que Enganavam Nazistas

Durante um período de ocupação nazista na França, os jovens irmãos judeus Maurice e Joseph embarcam em uma aventura para escapar dos nazistas. Em meio à invasão e perseguição, eles se mostram espertos, corajosos e inteligentes em sua escapada.

Extraordinário

Auggie Pullman (Jacob Tremblay) é um garoto que nasceu com uma deformação facial, o que fez com que passasse por 27 cirurgias plásticas. Aos dez anos, ele, pela primeira vez, frequentará uma escola regular, como qualquer outra criança. Lá, precisa lidar com a sensação constante de ser sempre observado e avaliado por todos à sua volta.

Bibliografia Parcialmente Comentada

~*~*~

ALVES, R. ***A Escola com que Sempre Sonhei Sem Imaginar que Pudesse Existir*** Editora Papirus, Campinas, SP, 2001.

Escola da Ponte: um único espaço partilhado por todos, sem separação por turmas, sem campainhas anunciando o fim de uma disciplina e o início de outra. A lição social: todos partilhamos de um mesmo mundo. Pequenos e grandes são companheiros numa mesma aventura. Todos se ajudam. Não há competição. Há cooperação. Ao ritmo da vida: os saberes da vida não seguem programas. São as crianças que estabelecem os mecanismos para lidar com aqueles que se recusam a obedecer às regras. Pois o espaço da escola tem de ser como o espaço do jogo: para ser divertido e fazer sentido, tem de ter regras. A vida social depende de que cada um abra mão da sua vontade, naquilo em que ela se choca com a vontade coletiva. E assim vão as crianças aprendendo as regras da convivência democrática, sem que elas constem de um programa.

BAUMAN, ZYGMUNT. ***Modernidade Líquida***. Editora Zahar, 2001.

A modernidade, para Bauman, pode ser definida como um período de liquidez, de volatilidade, de incerteza e insegurança, em que o período anterior, denominado pelo autor como *modernidade sólida*, seria "substituído" pela lógica do consumo, do gozo e da artificialidade imediatos. Logo, as noções de fluidez e liquidez que marcam a contemporaneidade se manifestam no cotidiano em diversos contextos, como, por exemplo, nas relações de trabalho, nos relacionamentos afetivos, na maneira como as identidades se constroem etc.

CARRENHO, E; TASSINARI, M. e PINTO, M. A. S. ***Praticando a Abordagem Centrada na Pessoa: Dúvidas e Perguntas Mais Frequentes***. São Paulo: Editora Carrenho, 2010.
Este livro foi uma grande contribuição do Marcos, coautor, para a Syntese. Isso porque nele temos contato com os princípios da ACP de uma forma muito clara. Utilizamos o livro nas nossas turmas de formação de facilitadores. Você pode comprá-lo no site encontroacp.com.br.

COOPERRIDER, D. L.; WHITNEY, D. ***Investigação Apreciativa: Uma Abordagem Positiva para a Gestão de Mudanças***. Rio de Janeiro: Qualitymark, 2006. 82p.

FREIRE, P. ***Pedagogia da Autonomia***. Editora Paz Terra, 2003.

Este é um livro de poucas páginas, mas de uma densidade de ideias pouco vista em qualquer outra de suas obras. Esse seu poder de síntese demonstra sua maturidade, lucidez e vontade de, com simplicidade, abordar algumas das questões fundamentais para a formação dos(as) educadores(as), de forma objetiva.

ROGERS, Carl R. ***Tornar-se Pessoa***. São Paulo: Martins Fontes, 2014 (última edição)

Utilizei este livro em muitas citações aqui. Sua teoria centrada na pessoa traz incontáveis contribuições acerca de nossa formação enquanto pessoa e como profissionais. Ele nos leva a muitas reflexões. Há dois capítulos dedicados à educação, sendo um deles uma carta de um ex-aluno. Recomendo para todos aqueles que querem mergulhar na visão de Carl Rogers.

ROGERS, Carl R. ***Liberdade para Aprender***. Belo Horizonte: Interlivros, 1973.

Esta obra partiu de questionamentos a respeito do sistema educacional. Ele escreveu aos profissionais da educação, numa tentativa de motivar o desejo de mudança e a realização de algo concreto. Apresenta exemplos, faz discussões e sinaliza sua perspectiva sobre a educação. É impressionante ler um livro da década de 70, com o frescor do século XXI, o que demonstra que estamos fazendo a mesma coisa nas salas de aulas já faz muito tempo. Rogers aponta atitudes a serem desenvolvidas por quem se interessa em ser "facilitador de aprendizagem" e recomenda caminhos para desenvolver essas atitudes.

ROGERS, Carl R. ***Grupos de Encontro***. Editora Martins Fontes, 1979.

Laboratórios de relações humanas. É assim que Rogers define os grupos de encontro. Este livro mostra a história do movimento, além de exemplos que ajudam o leitor a compreender a importância desse método de psicoterapia coletiva.

STRECK D. R, REDIN, E., ZITKOSKI, J. J. ***Dicionário Paulo Freire***. Editora Autêntica, 2015

Este livro reúne 230 verbetes sobre a obra de Paulo Freire, conhecido pelo caráter transformador de sua pedagogia e pela atuação marcada pela busca de uma sociedade mais justa por meio de uma educação humanizadora. Foi para compilar fragmentos das práticas, dos pensamentos e dos sonhos de Paulo Freire que 104 estudiosos(as) produziram este dicionário de verbetes fundamentais para se pensar a educação hoje.

TANURE, Betânia. ***Gestão à Brasileira***. 2ª. edição. São Paulo, Atlas, 2005.

Este livro aborda a evolução da cultura brasileira, analisando as diferenças e similaridades entre empresas nacionais privadas, multinacionais e estatais, assim como entre as diferentes gerações. Por sua história e pelas influências que teve de diversos povos, desde o processo de colonização, o Brasil formou uma identidade nacional própria e diferenciada. A hipótese é que a cultura brasileira, com suas características e especificidades, impacta o modelo de gestão das empresas. Vale a leitura.

JUSTO. H. ***Carl Rogers Teoria da Personalidade — Aprendizagem Centrada no Aluno***. Editora Santo Antônio, 1973.

MORIN, Edgar. ***A Cabeça Bem-Feita: Repensar a Reforma, Reformar o Pensamento***. Rio de Janeiro: Bertrand Brasil, 2000.

MORIN, Edgar. ***Introdução ao Pensamento Complexo***. Editora Sulina, Porto Alegre, 2007.

MORIN, Edgar. ***Os Sete Saberes Necessários à Educação do Futuro***. São Paulo: Cortez. Brasília, DF: UNESCO, 2000.

NICOLESCU, B. ***Educação e Transdisciplinaridade II***. Brasília: UNESCO, 2002.

MANDELA, N. ***Longa Caminhada até a Liberdade***. Curitiba. Nossa Cultura, 2012.

Este livro é fundamental para aqueles que querem entender a trajetória de Nelson Mandela. A história é uma autobiografia que relata com detalhes todas as fases da vida desse grande líder. Mandela é um facilitador, um homem que tentou por muitos anos o caminho da Não Violência, até sucumbir às armas e ser levado para a prisão, onde permaneceu por quase um terço da sua vida. É sem dúvida uma referência. Uma voz ao não preconceito. Essencial.

ROSENBERG, Marshall B. ***Comunicação Não-Violenta***: técnicas para aprimorar relacionamentos pessoais e profissionais. Trad. Mário Vilela. São Paulo: Ágora, 2006.

MATURANA, R. Humberto. ***De Máquinas e Seres Vivos: Autopoiése — A Organização do Vivo***. Porto Alegre: Artes Médicas, 1997b.

Gratidão

> *"(...) Que a arte me aponte uma resposta*
> *Mesmo que ela mesma não saiba*
> *E que ninguém a tente complicar*
> *Pois é preciso simplicidade pra fazê-la florescer*
> *Pois metade de mim é plateia*
> *A outra metade é canção*
> *Que a minha loucura seja perdoada*
> *Pois metade de mim é amor*
> *E a outra metade também"*
>
> Oswaldo Montenegro

Quero agradecer a algumas empresas e seus profissionais que, ao longo dos últimos 15 anos, ajudaram a construir esta incrível jornada, acreditando no processo de facilitação pela ACP:

Matsusako Vegetais Frescos

Alfa Citrus

Flora Tateno

Flora Takasaka

Green Vegs

Tomita Hortaliças

Grupo Dendrobium

Orquídeas Dan

Takagaki Hortaliças

Kitazawa Hortaliças

Bioplant

Agrosafra

Agroata

Tecseed

Casa Bugre

Agrivalle

Horticeres

Agro Amazônia

Hortisul

Hortisafra

Agrimonte

Agricamp

Germinas

Flortec

Triângulo Agrícola

Minerva Foods

Mallmann

Trebeschi

Sekita

Pratigel

SoloVivo

Semefort

Colégio Albert Sabin

Colégio Friburgo

Catho

BP Biocombustíveis

Hospital de Câncer de Barretos

AC Camargo

AD Shopping

Comgás

Ciclomed

Bradesco

Siemens

Scania

Volkswagen

Biolab

Shopping Jardim Sul

Mogi Shopping

Porto Seguro

Flytour

Holiday Inn

InterContinental

Magazine Luiza

Nespresso

Unicoba

Vizca

Wiring

Yokogawa

Agradeço a alguns amigos que colaboraram para este livro, dando sugestões, oportunidades, conselhos, contribuindo com textos, entrevistas e inspirações. Obrigado!

Renato Inácio

Roberto Lago Leal

Marcos Alberto da Silva Pinto

Maria de Lourdes Zamora

Thiago Nistal

Marina de Mazi

Marina Oliveira

Celimara Sarabia

Bettyna Beni

Roberto Leal

Alexandre Martins

Helena Miyahara

Ana Moreno

Carolina Bortoloto

Débora Gaudêncio

Regina Leite

Sandra Chemin

Eduardo Shimahara

Luciana Rovegno

Laura Fagundes

Leonardo Segantin

Luiza Di Sessa

Heloísa de Castro

Liane Borges

Alan Carvalho

Ana Del Pino

Fábio Romano

Elka Juttel

Osvaldo Nogueira

Marcos Alberto da Silva Pinto

Anderson de Carvalho Ferreira

Glória Rodrigues

Márcia Regina

Dagmar Pereira

Letícia Benetti

Adriana Perazzelli

Paulo Arbex

Izabel Takitane

Wellington Nogueira

Ciro Figueiredo

Ana Mendonça

Flávio Andrade

Overlando Rodrigues

Dr Jou Eel Jia e equipe

Adriana Ceserani

Costabile Matarazzo

Sueli Reis

Vitor Hugo Artigiani Filho

Amado Ferreira Francisco

Patrícia Rocha

Cíntia Martins

Gabriela Jardim

Marcos Barbosa

Ney Volpato

Antônio Carlos Maia

Lilian Fonseca

Emílio Favero

José Bueno

Luis Carlos Moreno

Marlene Borges Moreno

Joana Rita Bruni Guedes

Taís Bruni Guedes, minha esposa

E, claro, Felipe e Manuela, meus pequenos e amados filhos.

Obrigado, alunos, professores e Escolas:

Escola Bahkita

EE José Chediak

EMEF Campos Salles

UNAS Heliópolis

UNESP — Faculdade de Ciências Agronômicas — Botucatu

Fundação Armando Álvares Penteado

Colégio Friburgo

Obrigado, músicas e compositores que embalam minha vida e este livro:

Ney Matogrosso

Elis Regina

Cazuza

Frejat

Lulu Santos

Sidney Magal

Pink Floyd

Queen

Led Zepelin

Oswaldo Montenegro

Belchior

Roberto Carlos

Erasmo Carlos

Peninha

Rita Lee

Raul Seixas

As Frenéticas

Nelson Motta

E, tantos outros...

Sobre o Autor

~*~*~

Alexandre Borges Moreno

Nasci em 12 de maio de 1973, em São Paulo, capital. Sou casado com a Tais, pai do Felipe e Manuela. Corintiano, amante de bolo de cenoura e conversas filosóficas regadas a besteirol. Adoro ler biografias e escutar histórias de vida.

Há 15 anos, resolvi empreender criando a Syntese, uma empresa de educação corporativa pela Abordagem Centrada na Pessoa, e cujo propósito é cocriar Saberes e Soluções.

Estudei Agronomia na Unesp Botucatu. Tenho pós-graduação em Marketing na FAAP, mestrado em Administração com ênfase em gestão de pessoas na Universidade Metodista, onde defendi uma tese sobre comportamento empreendedor. Fiz pós-graduação em *Coaching* Holístico e Medicina Tradicional Chinesa coordenada pelo Dr. Jou Eel Jia, precursor da acupuntura no Brasil. Sou formado em *Action Learning* pela WIAL.

Morei em república de estudantes, fui do Diretório acadêmico da faculdade, fiz coral, teatro e fui voluntário num *kibbutz* em Israel. Fiz projetos de irrigação, vendi fertilizantes e também fui professor da pós-graduação e MBA na FAAP e FIA, nas disciplinas de Empreendedorismo e Liderança Contemporânea.

Junto a um grupo de voluntários, apoio uma escola pública da Zona Leste de São Paulo no trabalho de repensar seu modelo de gestão e o relacionamento com a comunidade.

Há alguns anos, tenho estudado e me apaixonado pela ACP e por todas as suas possibilidades, facilitando processos de aprendizagem em diferentes organizações.

Este livro é um recorte dessa história e dessas possibilidades em educação.

QUALITYMARK EDITORA

Entre em sintonia com o Mundo

Qualitymark Editora Ltda.

Rua José Augusto Rodrigues, 64 – sl. 101
Polo Cine e Vídeo – Jacarepaguá
22275-047 – Rio de Janeiro – RJ
Tels.: (21) 3597-9055 / 3597-9056
Vendas: (21) 3296-7649

E-mail: quality@qualitymark.com.br

www.qualitymark.com.br

Dados Técnicos:

• Formato:	14 x 21 cm
• Mancha:	11 x 18 cm
• Fonte:	OptimaLTStd
• Corpo:	11
• Entrelinha:	13
• Total de Páginas:	208
• 1ª Edição:	2018